Bügelperlen

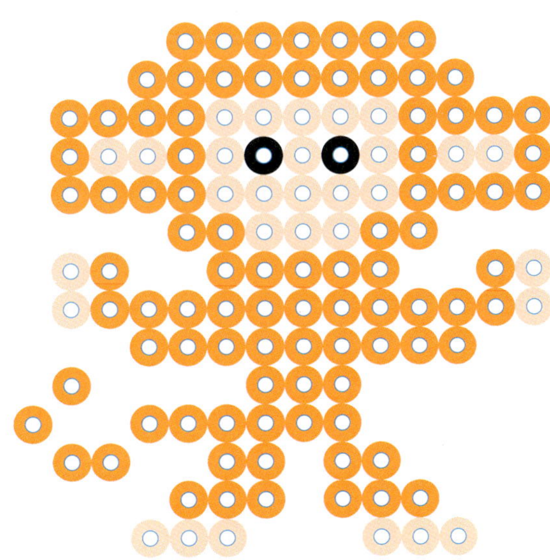

Bassermann

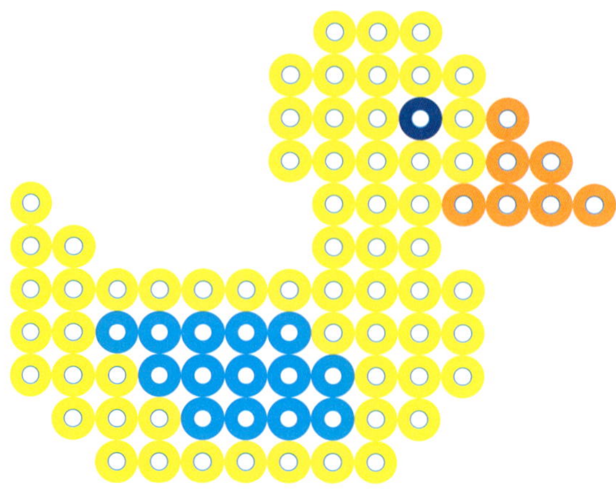

Bei diesem Buch wurden die durch das verwendete Material und die Produktion entstandenen CO2-Emissionen ausgeglichen, indem der Bassermann Verlag ein Projekt zur Aufforstung in Brasilien unterstützt. Weitere Informationen zu dem Projekt unter:
www.ClimatePartner.com/14044-1912-1001

Penguin Random House Verlagsgruppe FSC® N001967

ISBN: 978-3-8094-3905-9

12. Auflage 2025

Idee und Gesamtgestaltung: Norbert Pautner, Berlin
Projektleitung: Birte Dittmann
Herstellung: Claudia Scheike
Druck und Bindung: TBB, a.s., Banská Bystrica
Printed in Slovakia

INHALTSVERZEICHNIS

Infos zum Buch

In diesem Buch gibt es über 200 Motive für Bügelperlenbilder in unterschiedlichen Größen. Alle Bilder sind im Maßstab 1 : 1, so kannst du beispielsweise transparente Stiftplatten auf die Vorlagen legen. Wenn du ein bestimmtes Motiv suchst, findest du es mit Hilfe des Registers auf Seite 80. Dort stehen die laufenden Nummern, unter denen du die Motive im Buch findest.

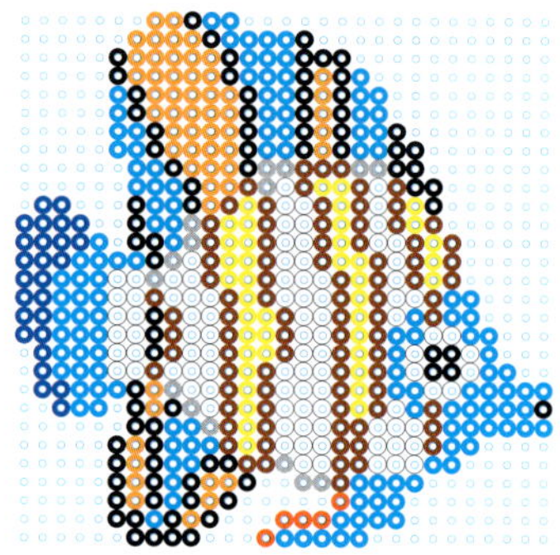

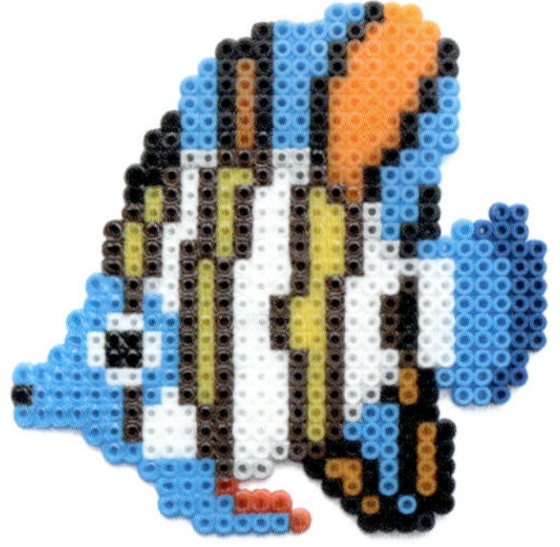

Die nicht verschmolzene Seite ist ja eigentlich die „schöne" Seite, darum sind die Motive im Buch alle seitenverkehrt. Falls du sie lieber spiegeln möchtest, nutze den Klebebandtrick auf Seite 6.

Die Motive in diesem Buch sind für insgesamt sieben unterschiedliche Stiftplatten ausgelegt. Quadratisch: 841 und 196 Stifte. Sechseckig: 721 und 169 Stifte. Rund: 631, 397 und 169 Stifte.

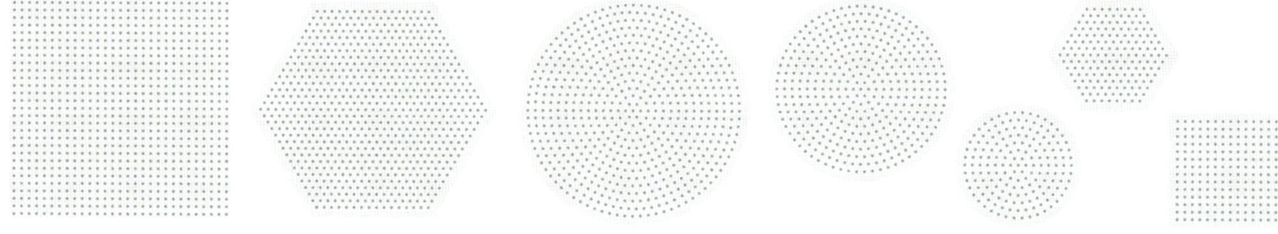

Diese 15 Farben werden für die Vorlagen im Buch verwendet:

Wenn dir für ein Motiv ein oder zwei Farben fehlen, kannst du diese Farben durch ähnliche ersetzen. Oder du verwendest einfach ganz andere Farben.

So stellst du Bügelperlenbilder her:

Um das Motiv aus dem Buch auf der Stiftplatte nachzustecken, benutzt du eine Pinzette.

Decke dein Bild mit Bügel- oder Backpapier ab. Wenn das Bügeleisen heiß ist (mittlere Stufe oder „Baumwolle“), lässt du einen Erwachsenen etwa eine Minute lang vorsichtig und mit wenig Druck bügeln. Nicht zu lange oder zu heiß bügeln, sonst wird die Stiftplatte beschädigt!

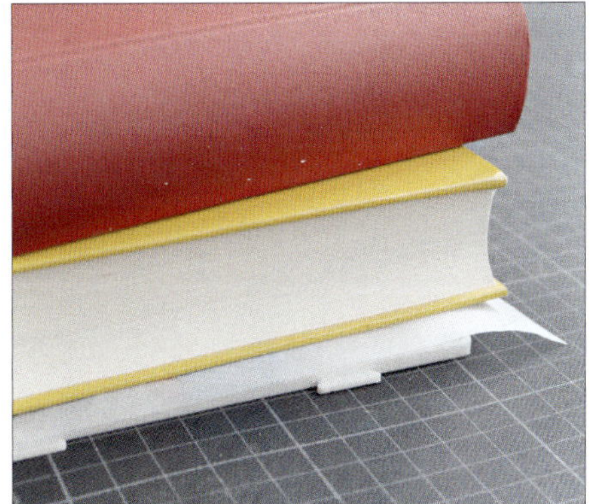

Damit sich dein Bild (und auch die Stiftplatte) später nicht wellt, beschwere es während des Abkühlens mit ein paar dicken Büchern.

Achtung!

Das Bügeln musst du von einem Erwachsenen erledigen lassen. Es besteht sonst Verbrennungsgefahr für dich.

Außerdem das Motiv erst abkühlen lassen, bevor es von der Stiftplatte abgezogen wird, weil du dich sonst am noch heißen Plastik verbrennen könntest!

Tipps und Tricks

Willst du ein Motiv aufhängen, stecke eine transparente Öse oben an das Motiv. Hast du auf der Stiftplatte nicht mehr genug Platz dafür, bügelst du erst dein Motiv fertig und bringst dann die Öse an.

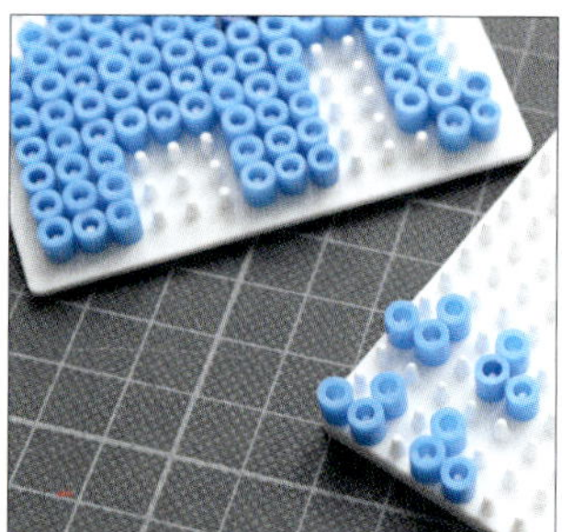

Wenn du dein Motiv aufstellen möchtest, dann stelle kleine Füßchen aus farbig passenden Bügelperlen her und lass sie von einem Erwachsenen mit Heißkleber seitlich an dein fertiges Motiv kleben.

Wenn du ein Motiv spiegeln möchtest, klebst du Malerkrepp auf das gesteckte Bild und drückst es gut an. So kannst du das Bild von der Stiftplatte lösen und von der anderen Seite bügeln.

Mit den seitenverkehrten Buchstaben (Seite 12 bis 14) schreibst du von rechts nach links. Lass zwischen den Buchstaben einen Abstand von einem Stift.

Umrande die Buchstaben mit einer neutralen Farbe wie beispielsweise Schwarz, Weiß oder Transparent. Dadurch verbindest du die Buchstaben, es entsteht ein stabiles Namensschild.

Bügelperlenbilder kannst du auch selbst entwerfen

Unter dem Link *www.bassermann-verlag.de/buegelperlen* findest du Rastervorlagen zum Herunterladen. In dieser Datei sind die Vorlagen für ein großes Quadrat, einen großen Kreis und ein großes Sechseck enthalten. Die kannst du ausdrucken und als Grundlage für deine eigenen Entwürfe verwenden. Und so geht's:

Drucke die passende Vorlage aus und zeichne mit einem Bleistift dein Motiv vor.

Setze nun farbige Punkte entlang der Bleistiftlinien und gestalte auch die Flächen.

Wenn du dein Motiv fertig entworfen hast, dann kannst du es mit Bügelperlen nachstecken.

001

002

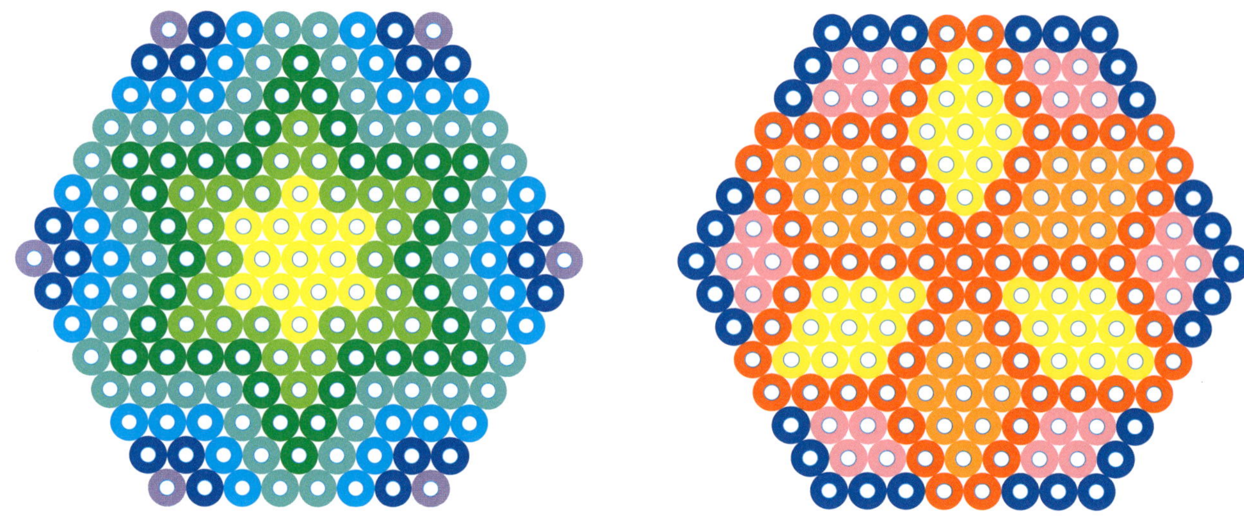

003

004

005

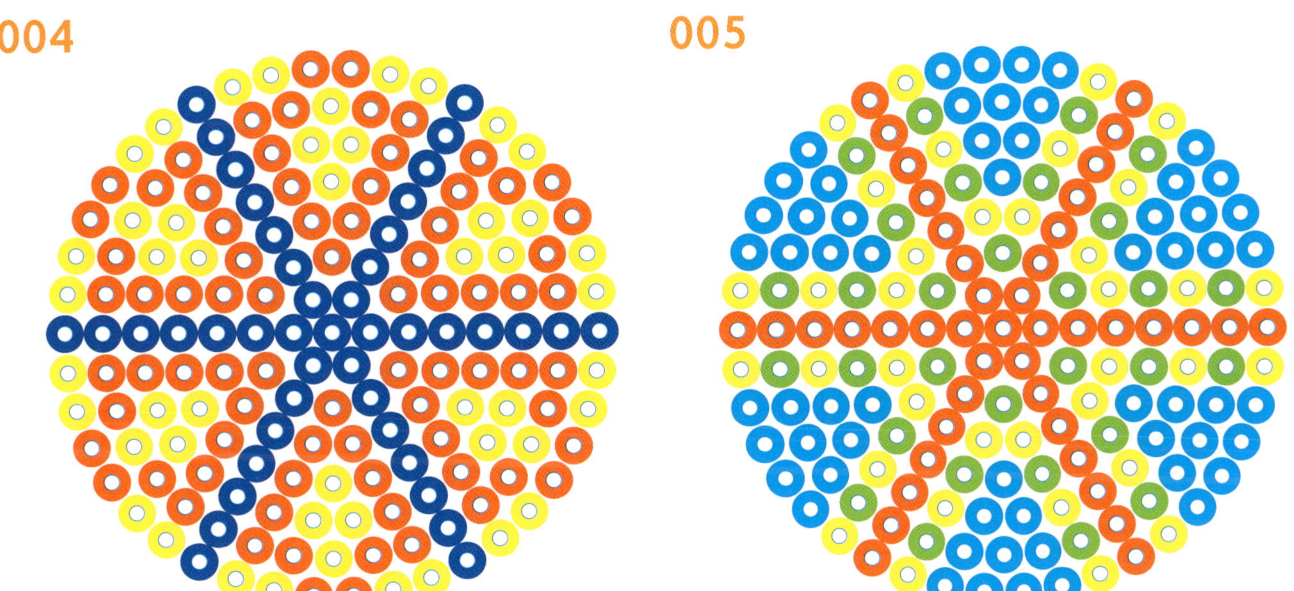

006

007

008

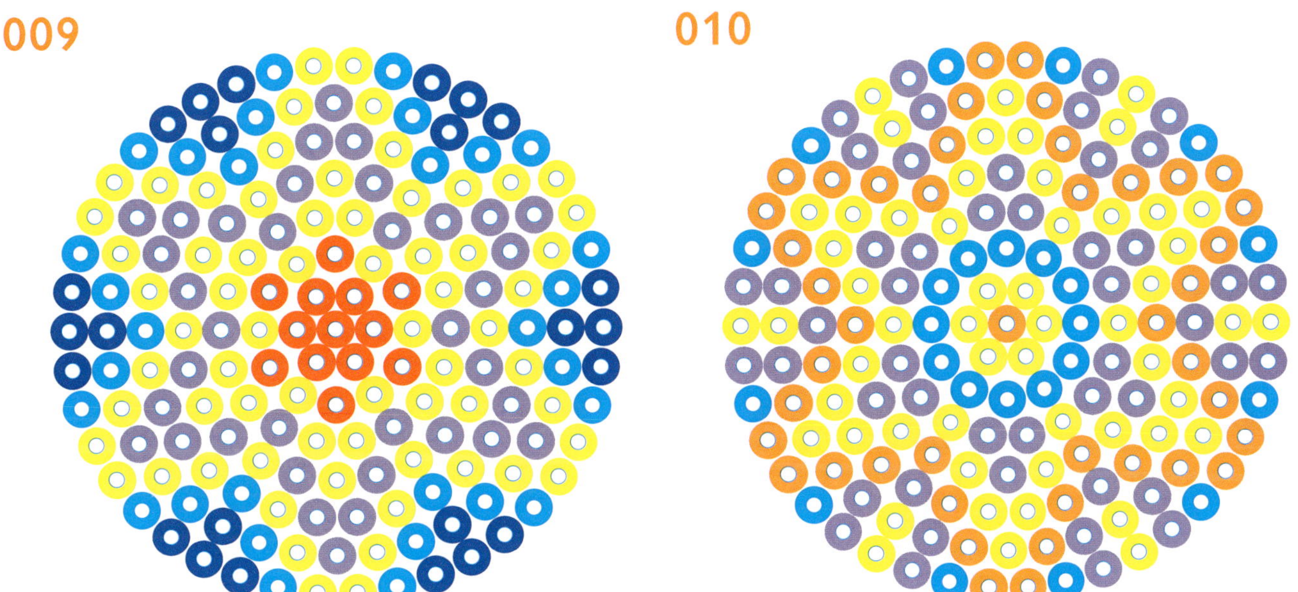

011

012
013
014
015
016
017
018
019
020
021

022
023
024
025
026
027
028
029
030

031
032
033
034
035
036
037
038

039
040
041
042
043
044
045
046
047

048

049

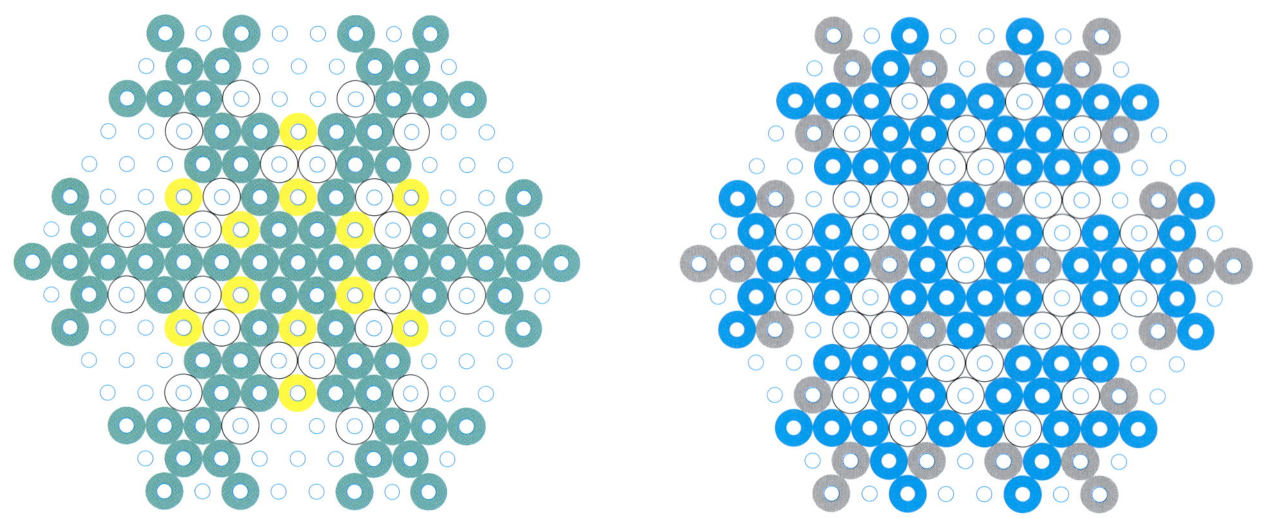

050

051

052

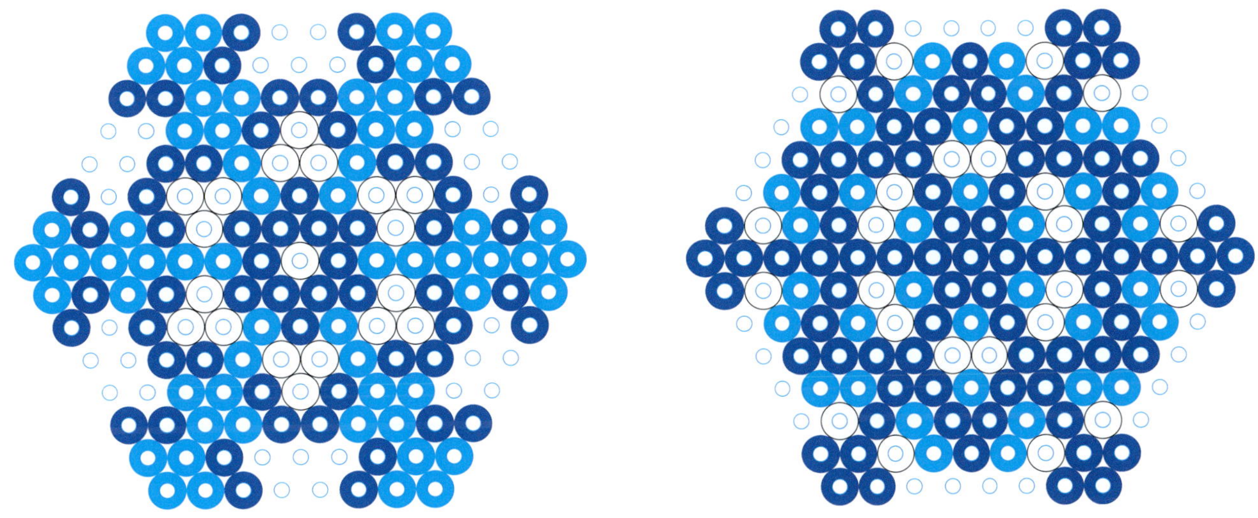

053

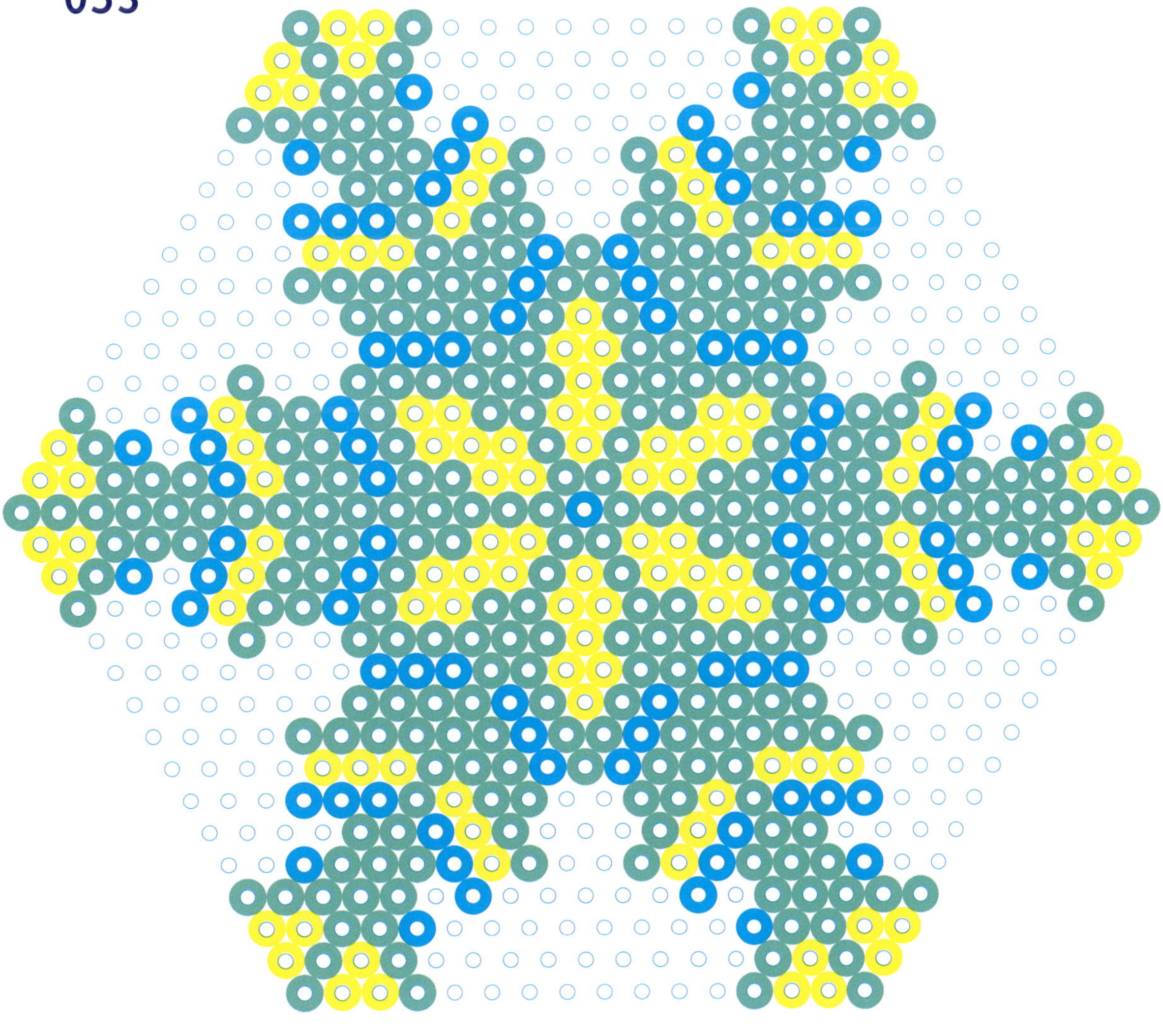

054

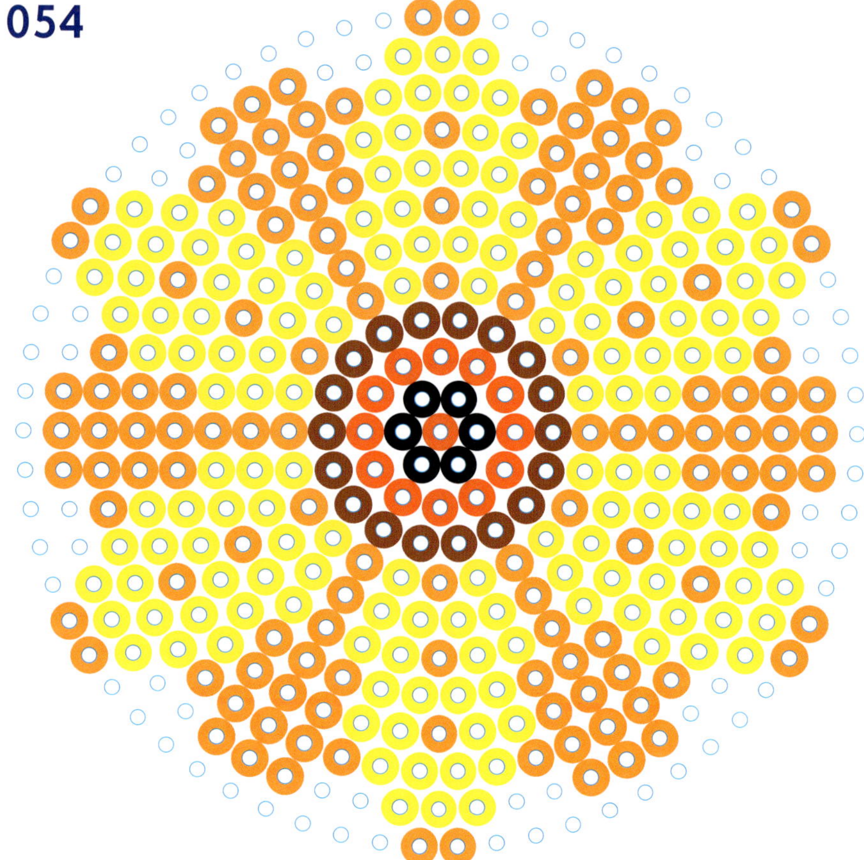

055

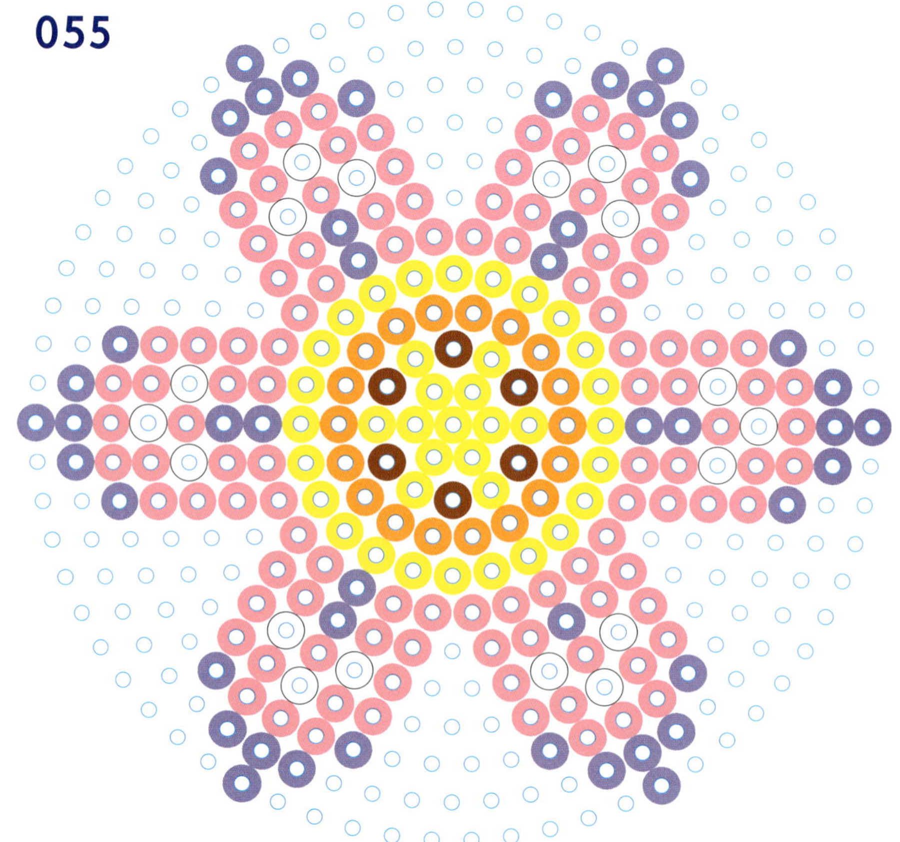

056

057

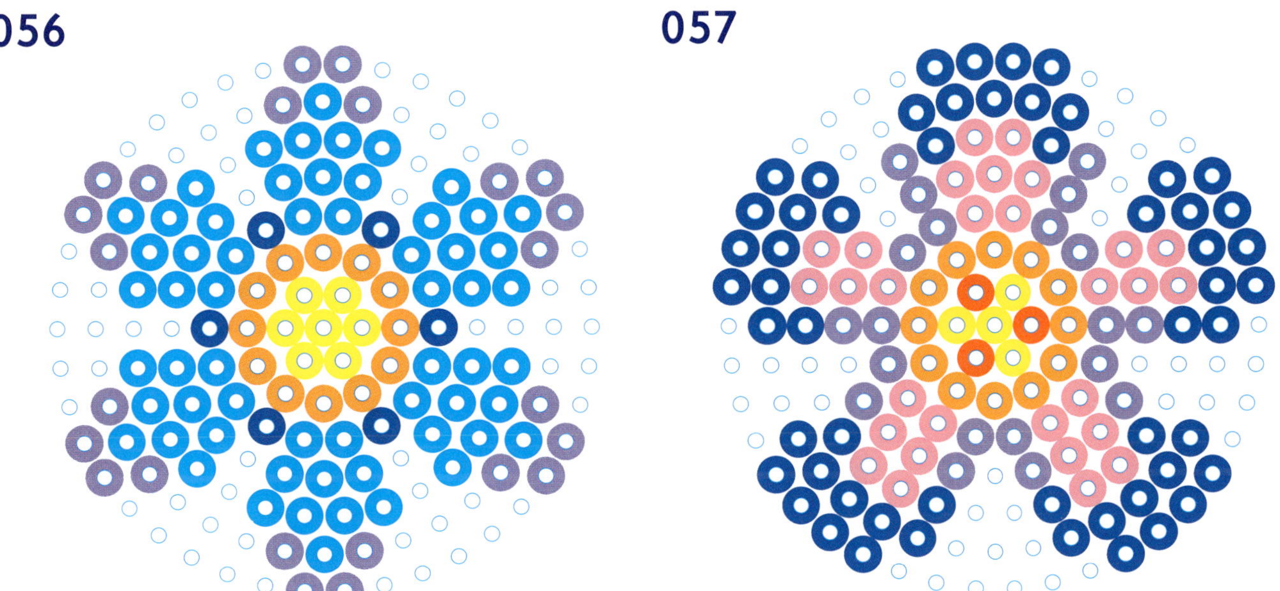

058

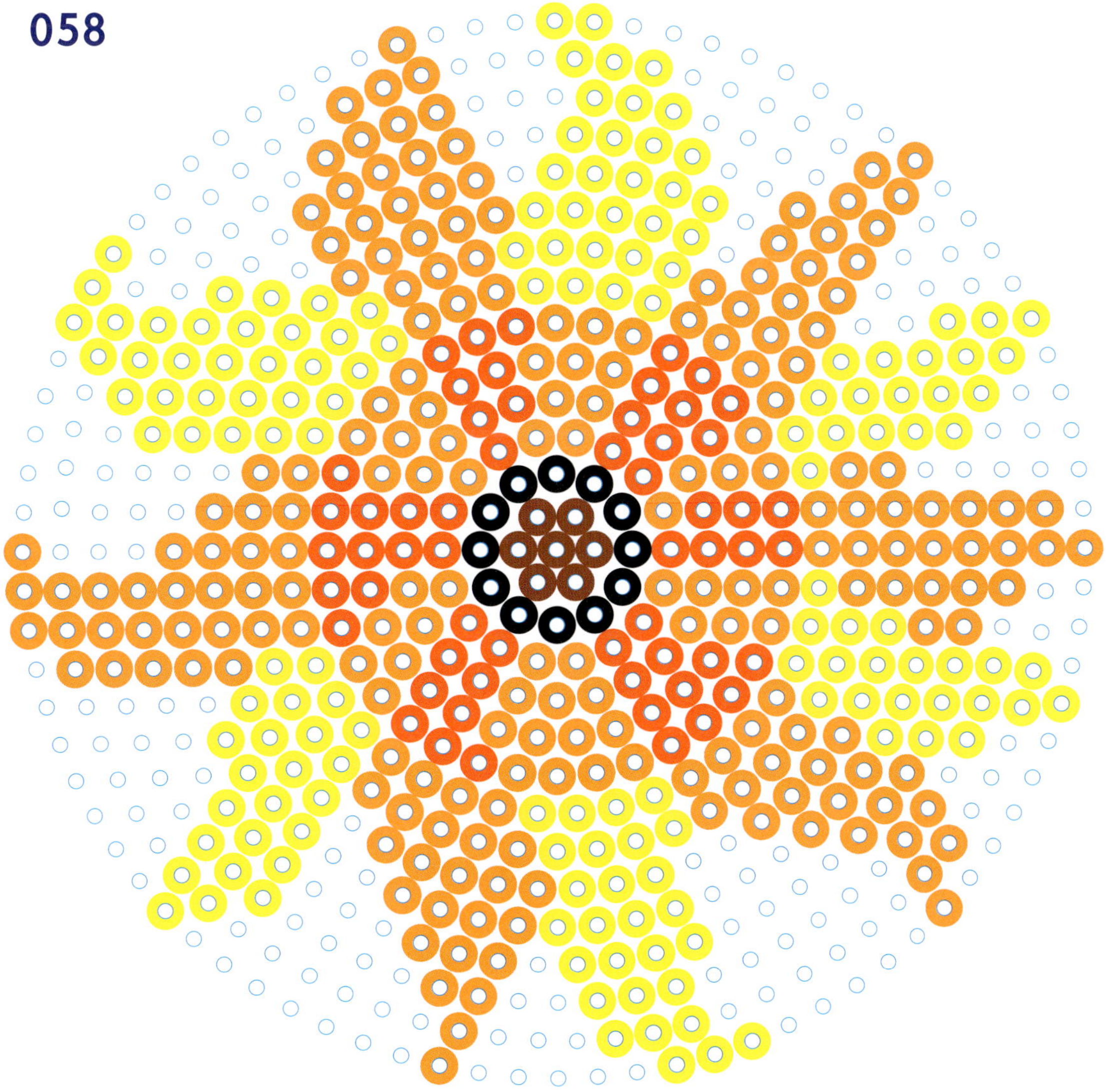

059
060
061
062
063
064

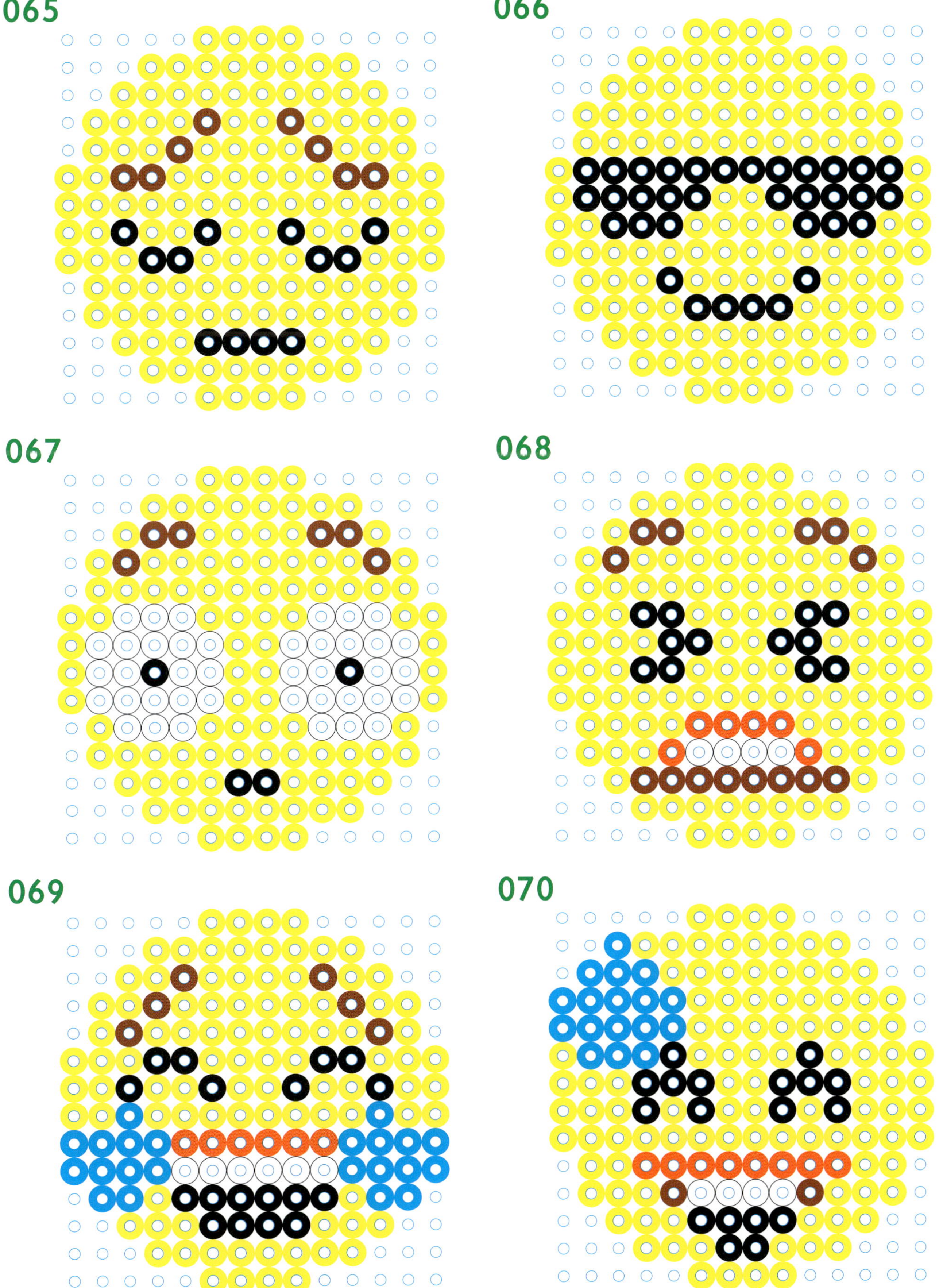

065
066
067
068
069
070

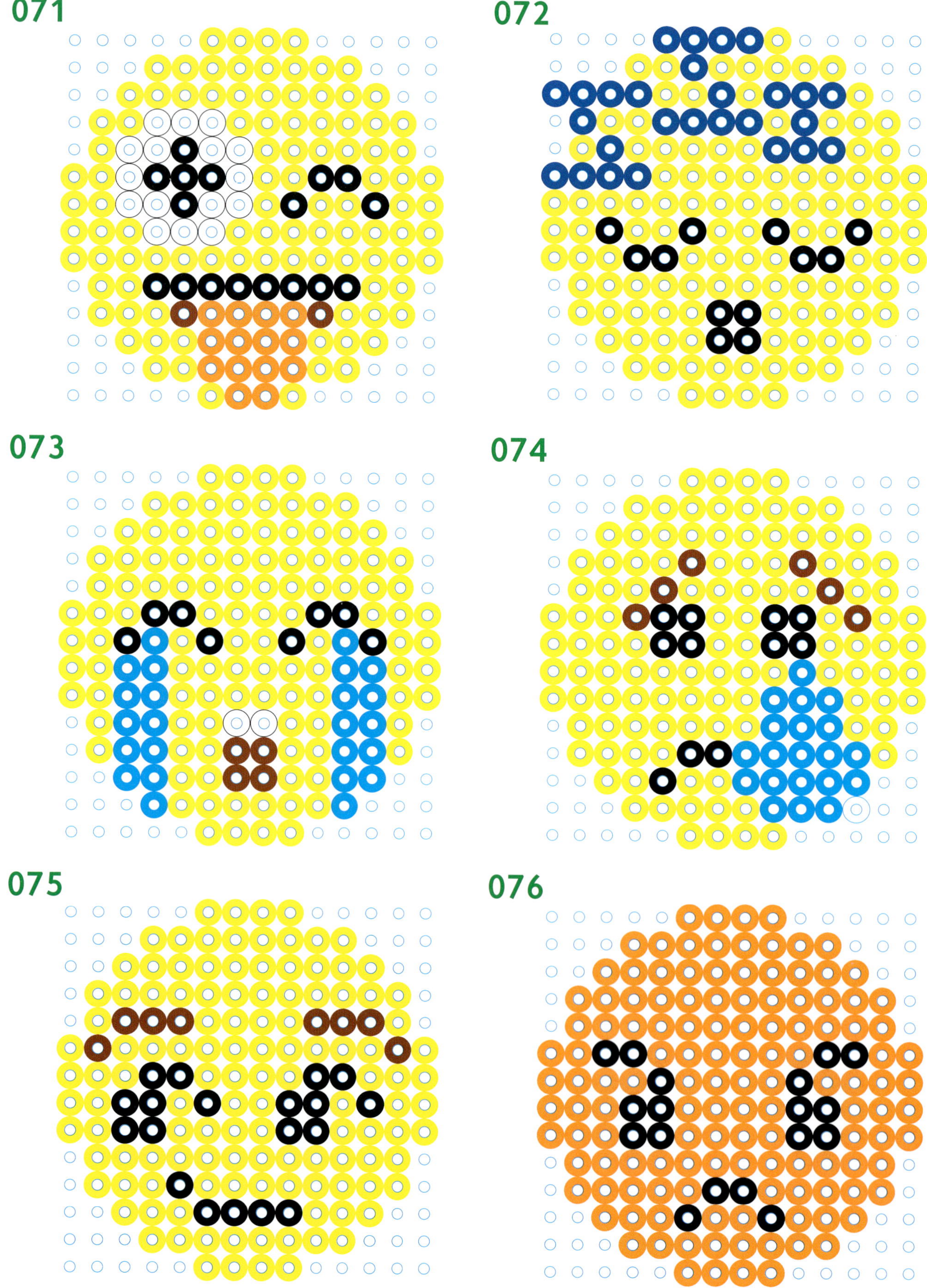
071
072
073
074
075
076

077
078
079
080
081
082

083

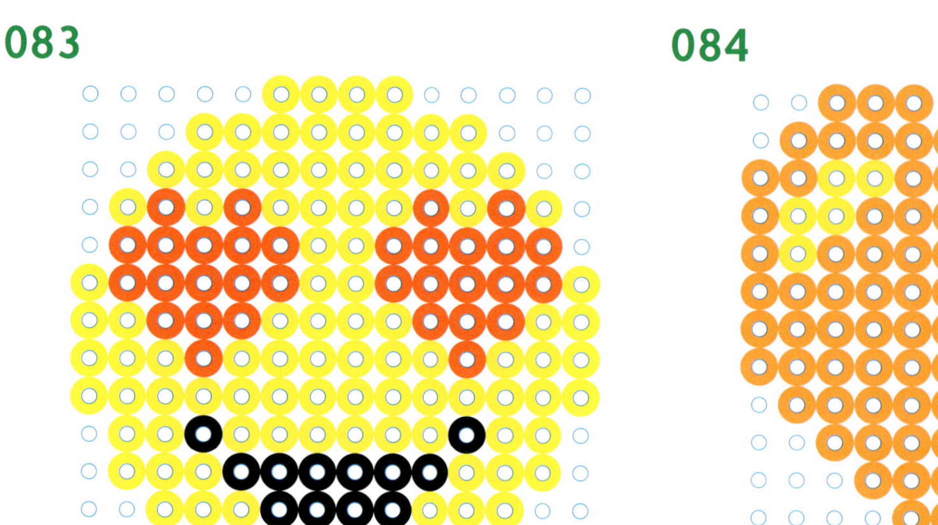

084

085

086

087

088

089

090

091

092

093

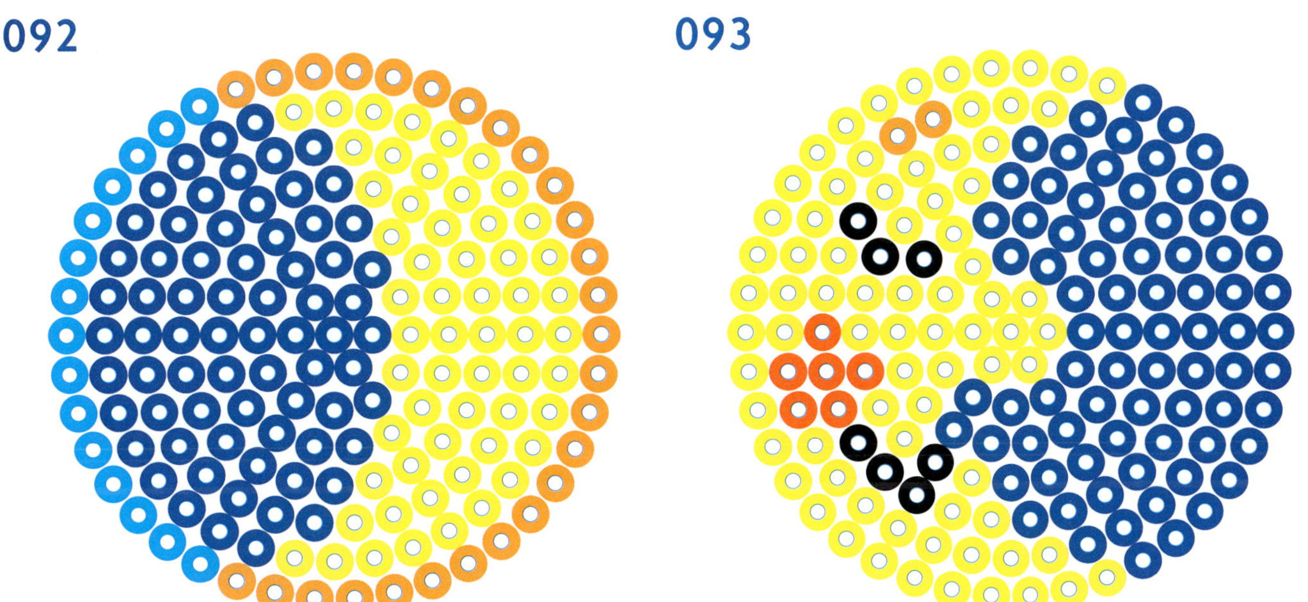

094

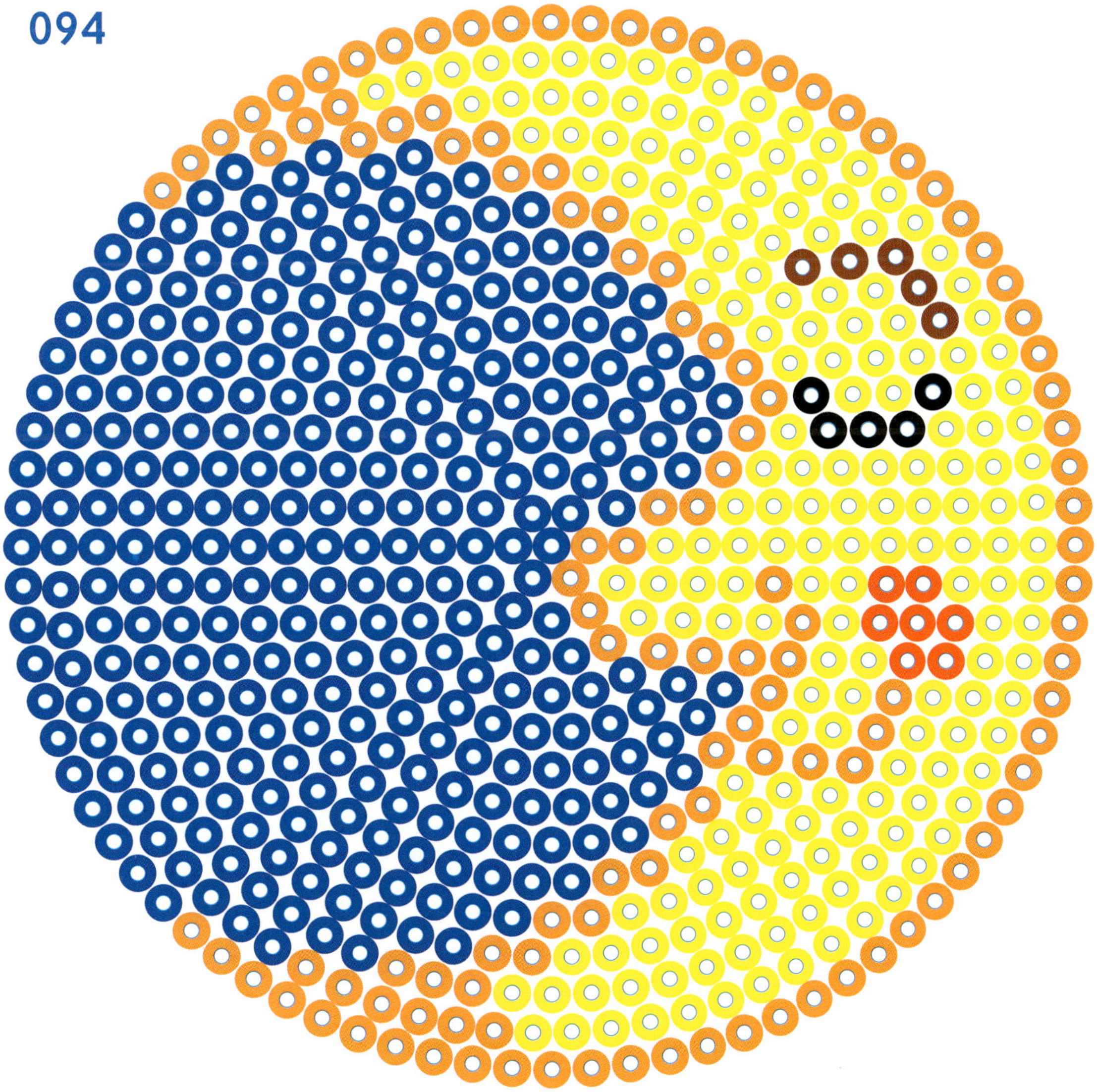

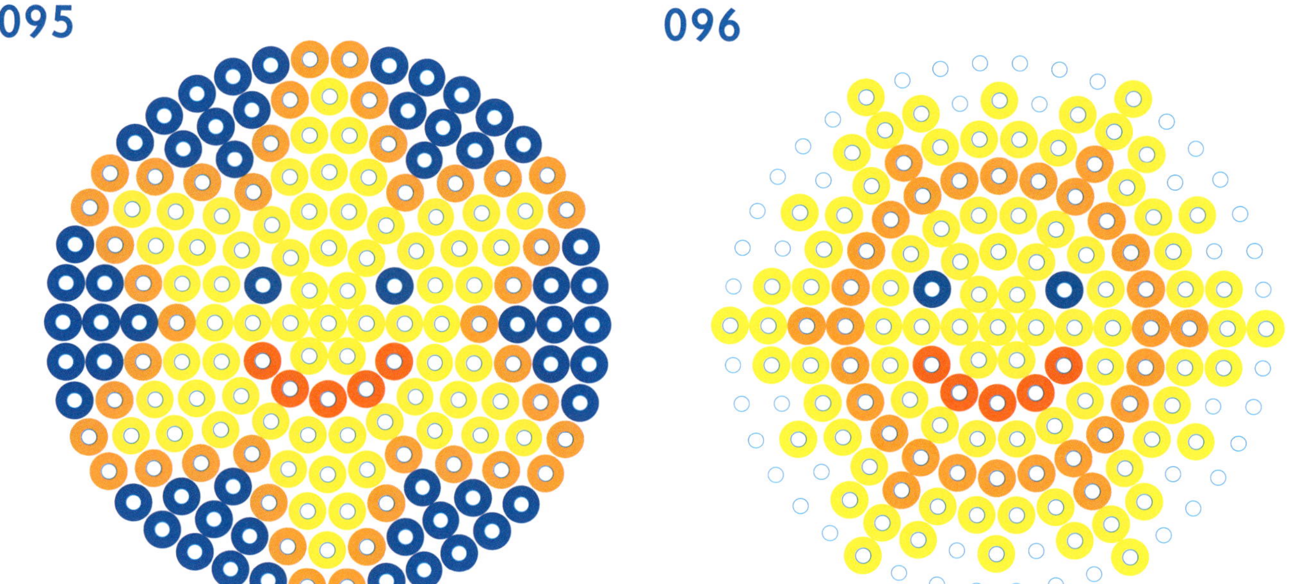

097

098

099

100

101

102

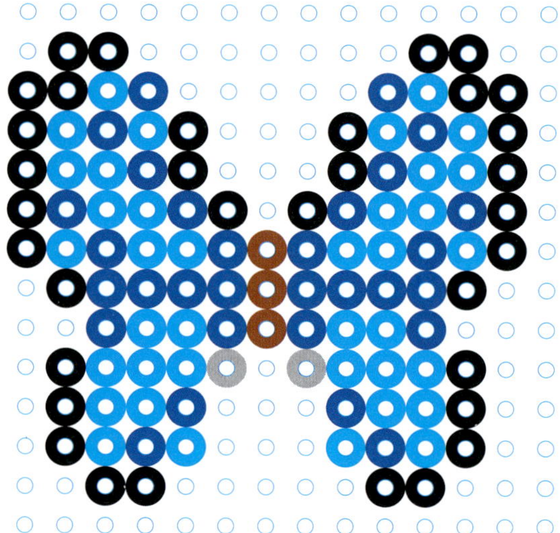

103

104

105

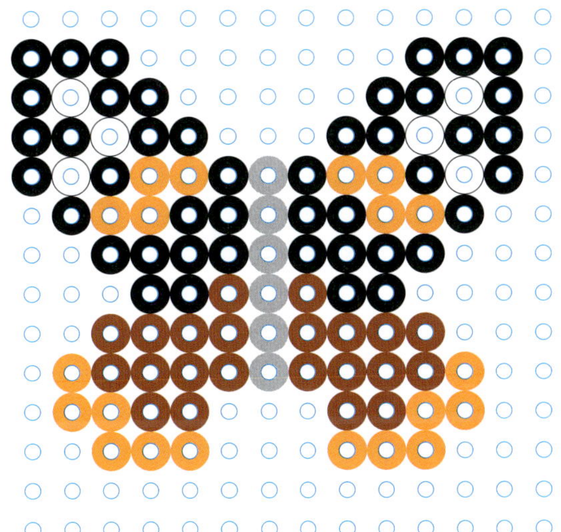

106

107

108

109

110

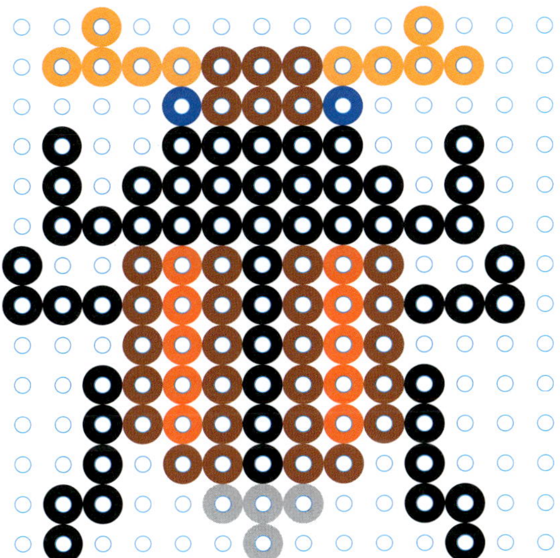

111

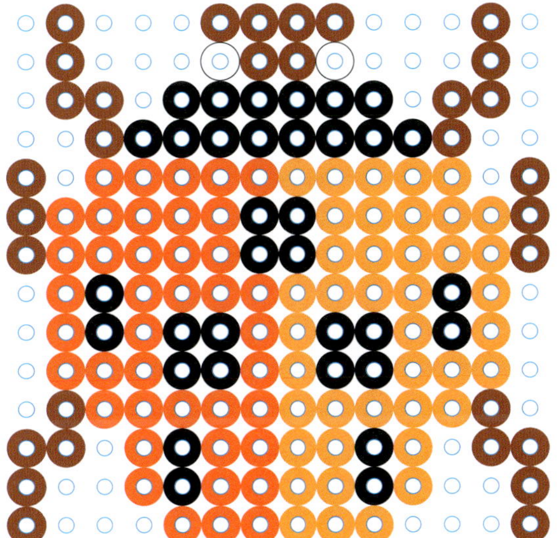

112

113

114

115

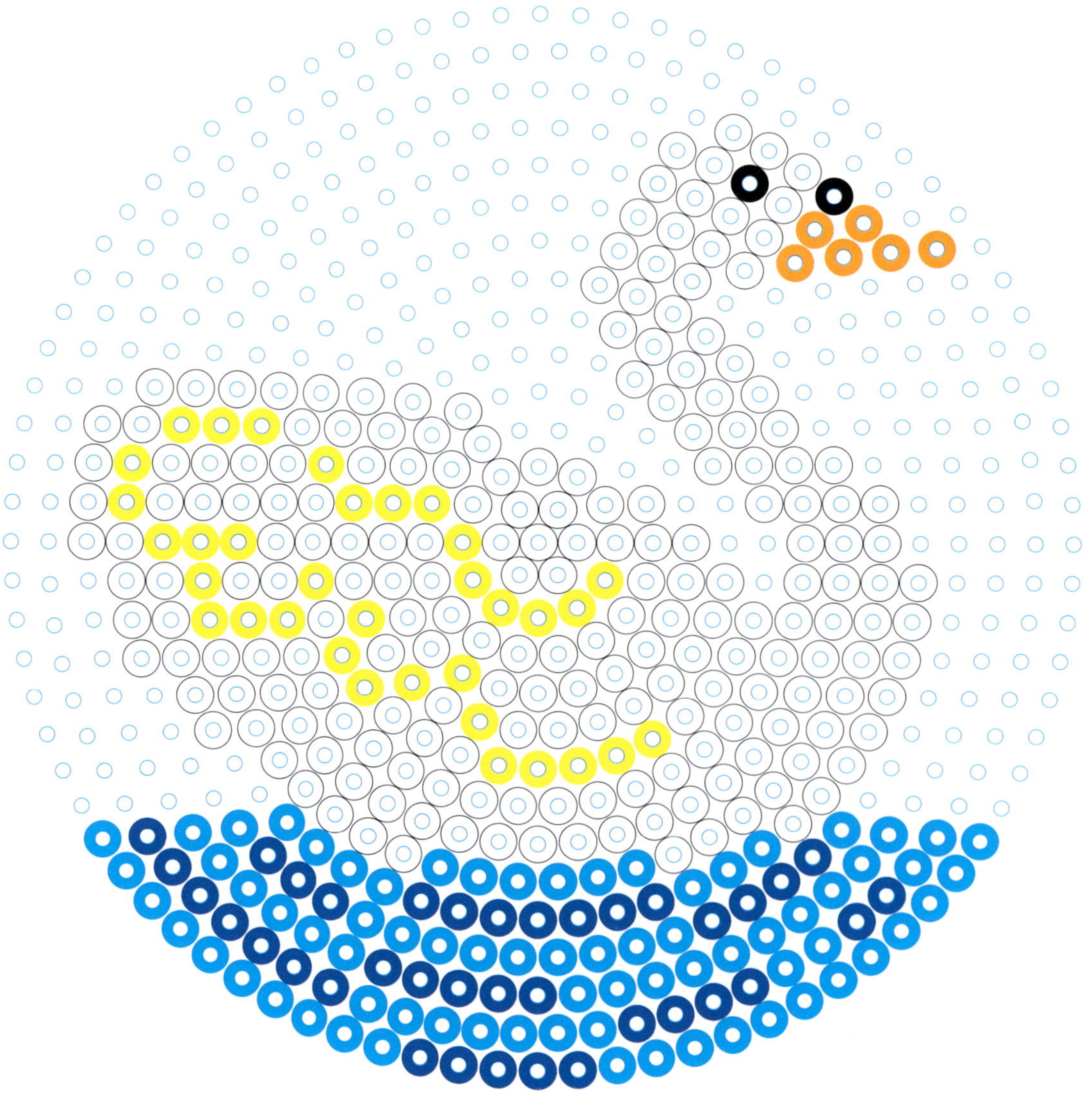

116

117

118

119

120

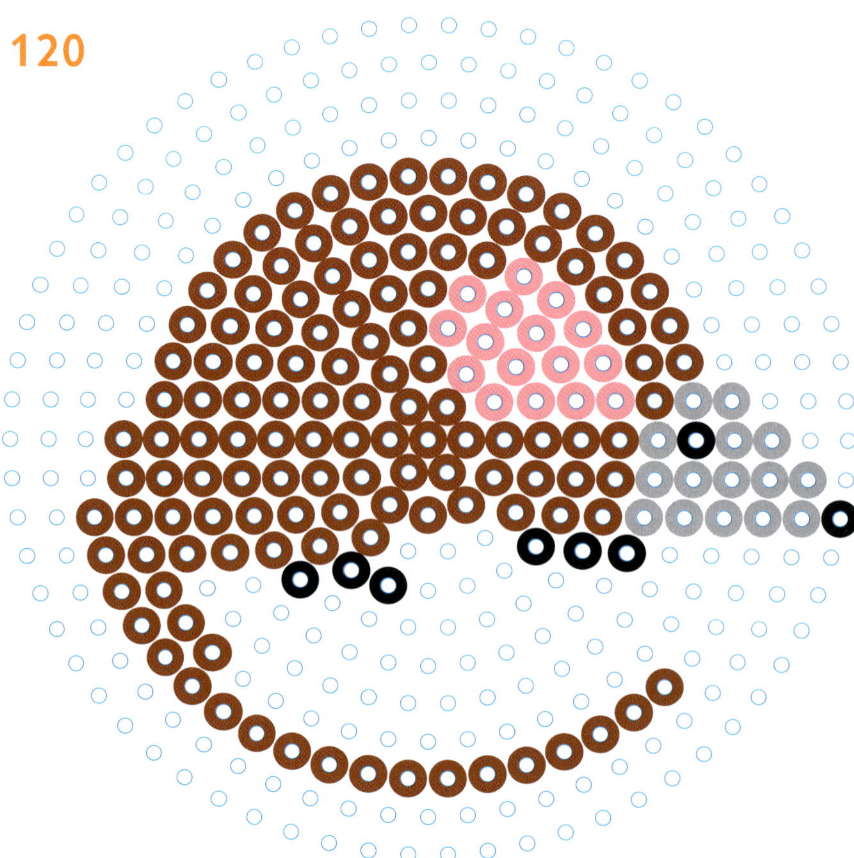

121

122

123

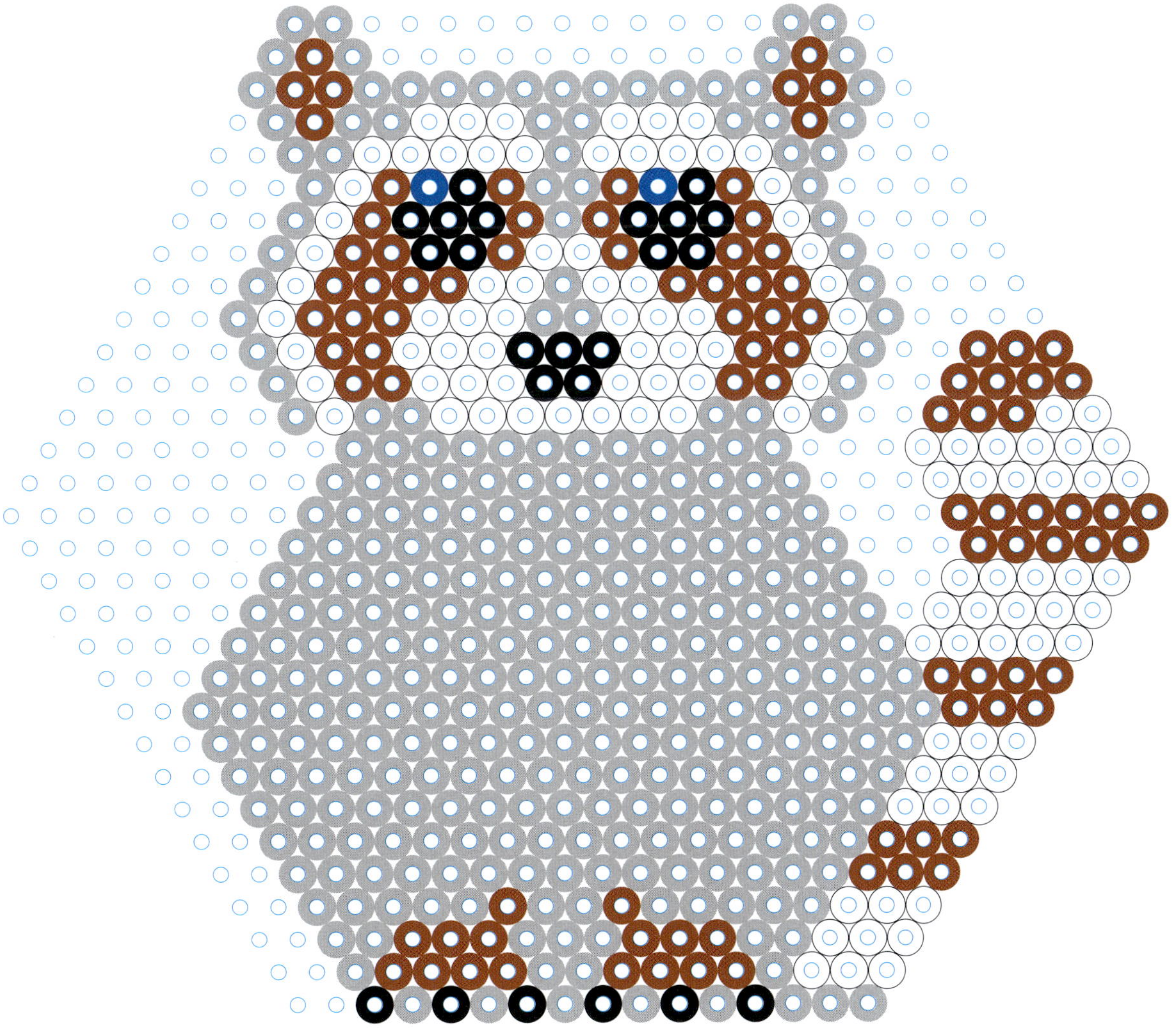

124

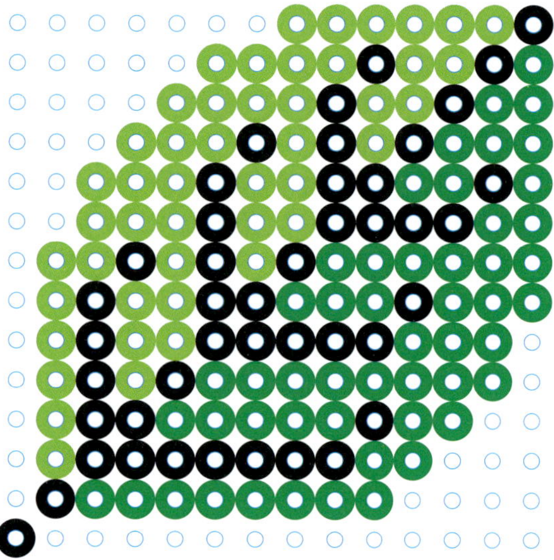

125

126

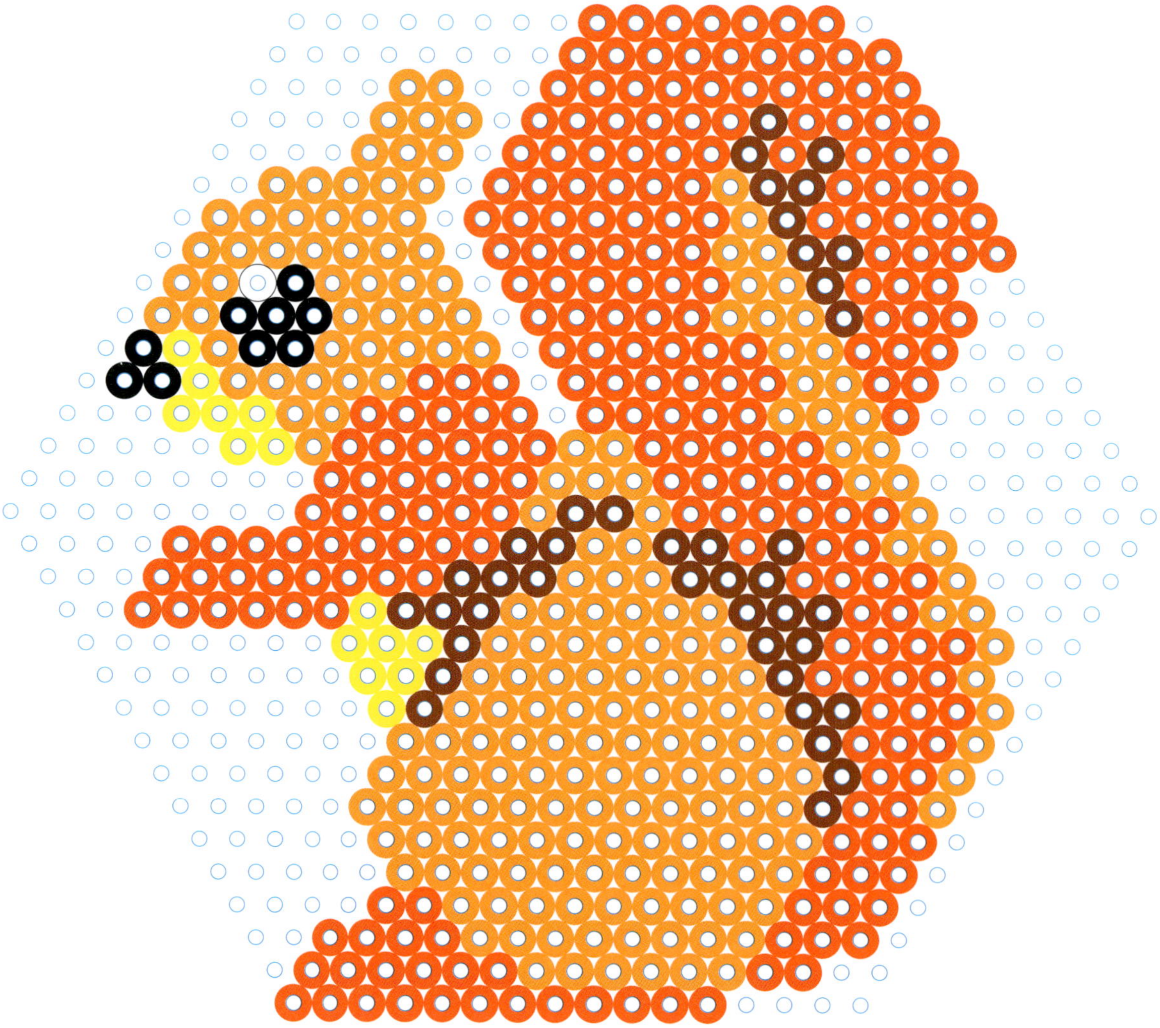

127

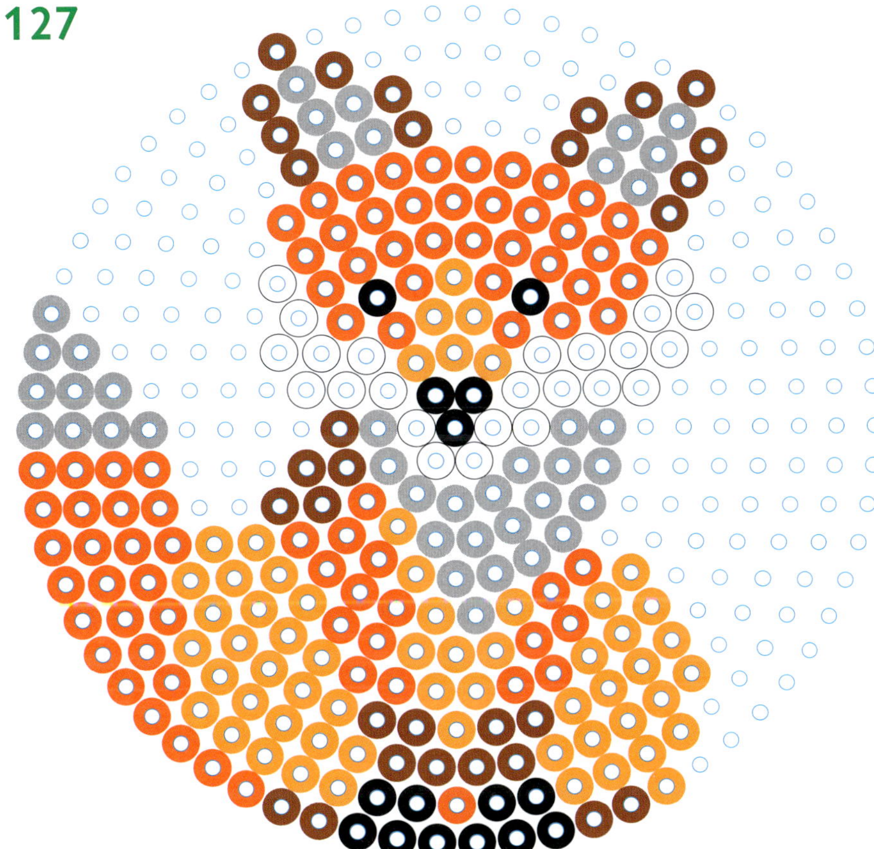

128

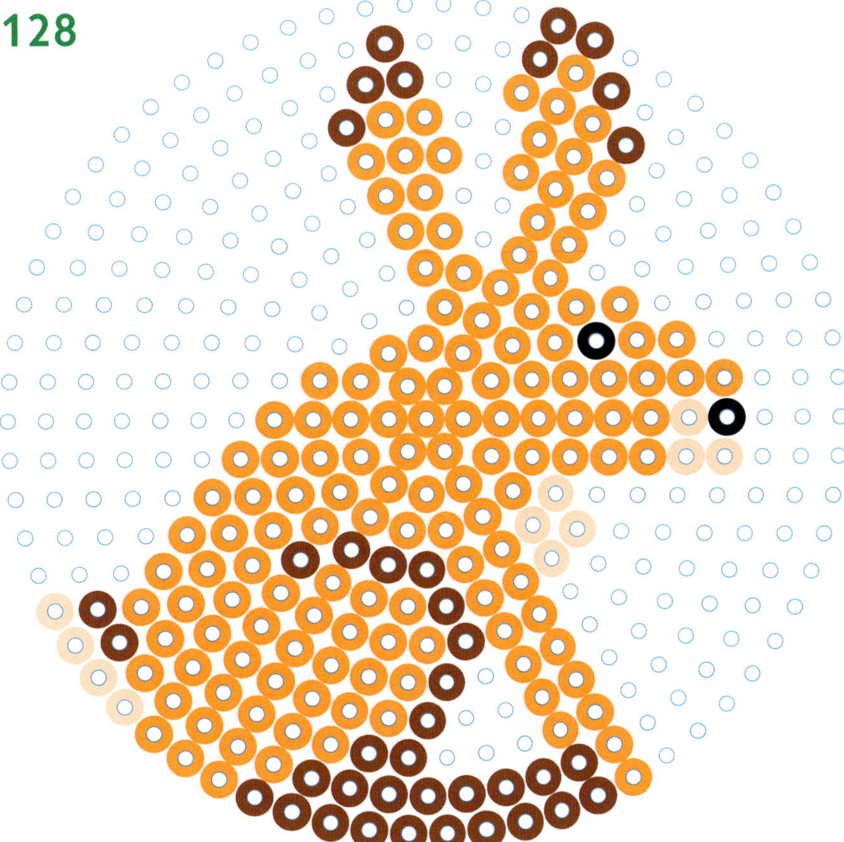

129

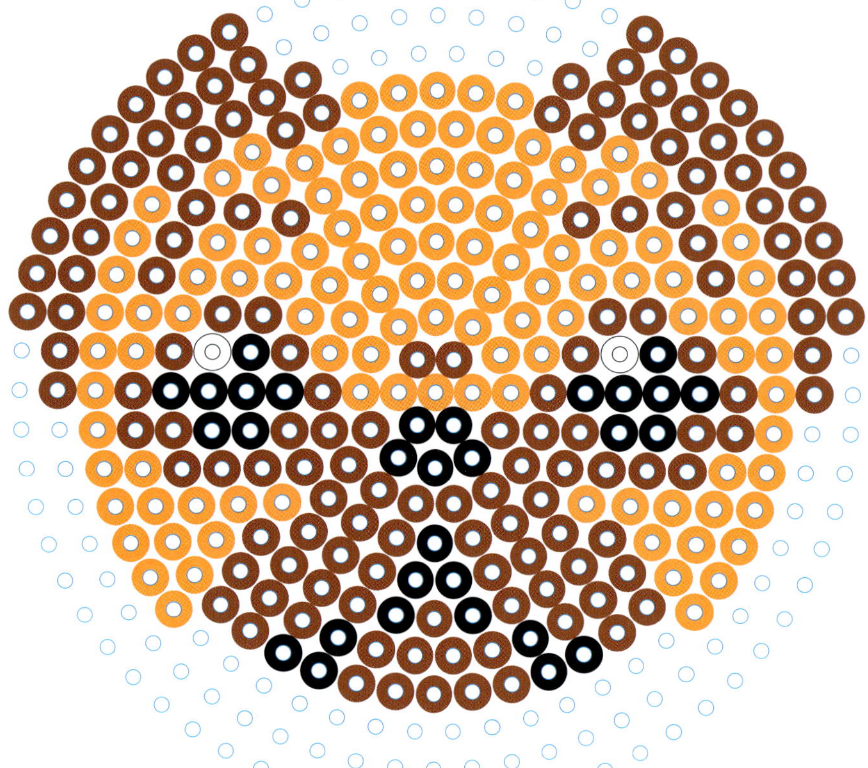

130

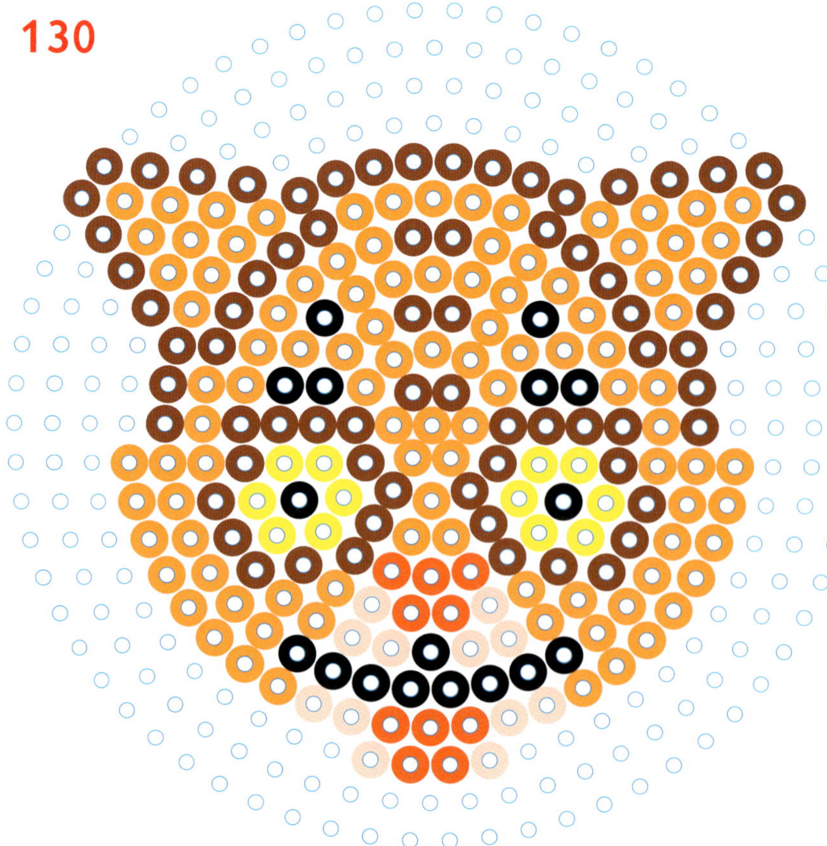

131

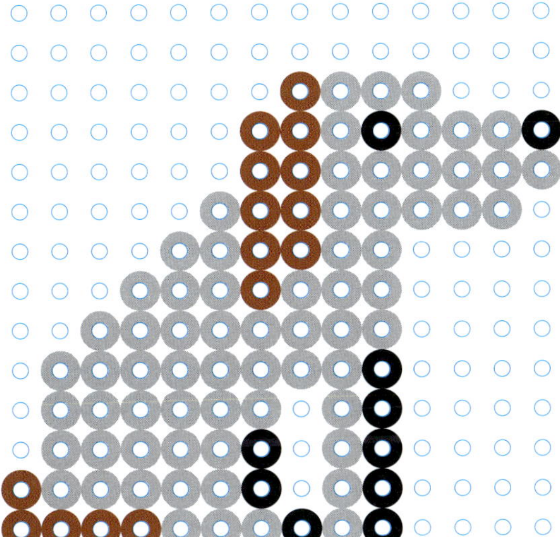

132

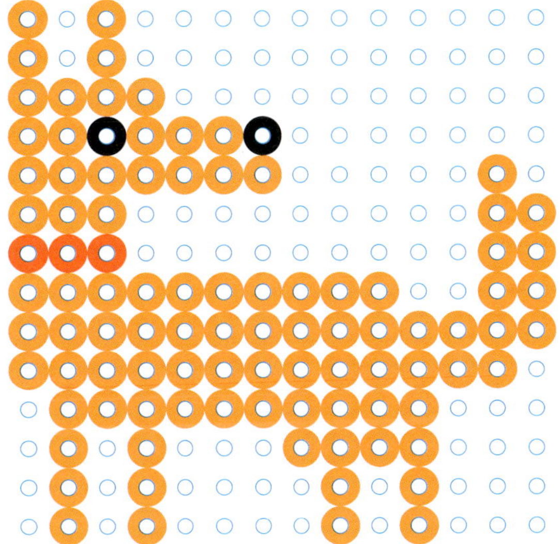

133

134

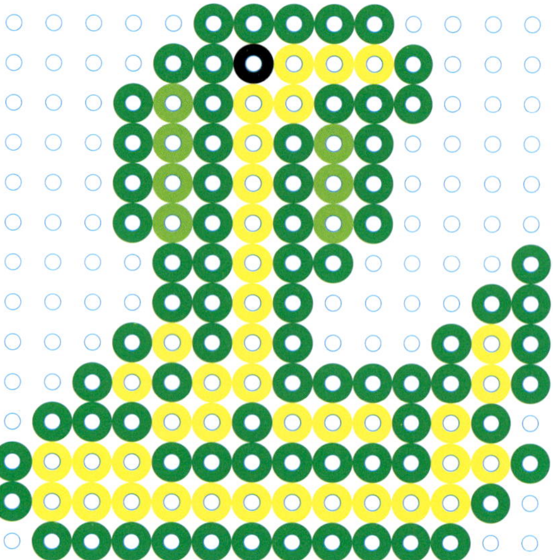

135

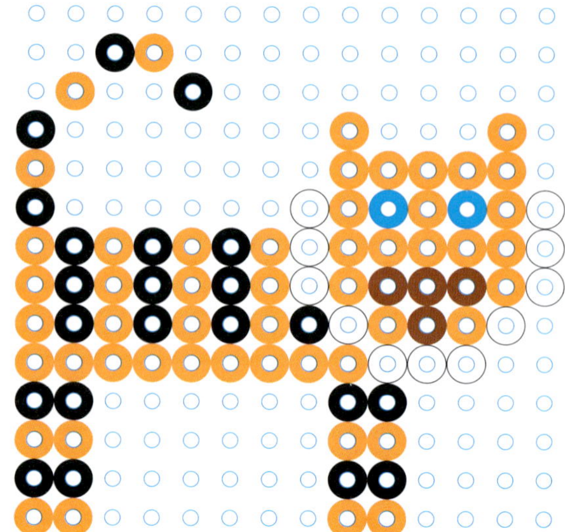

136

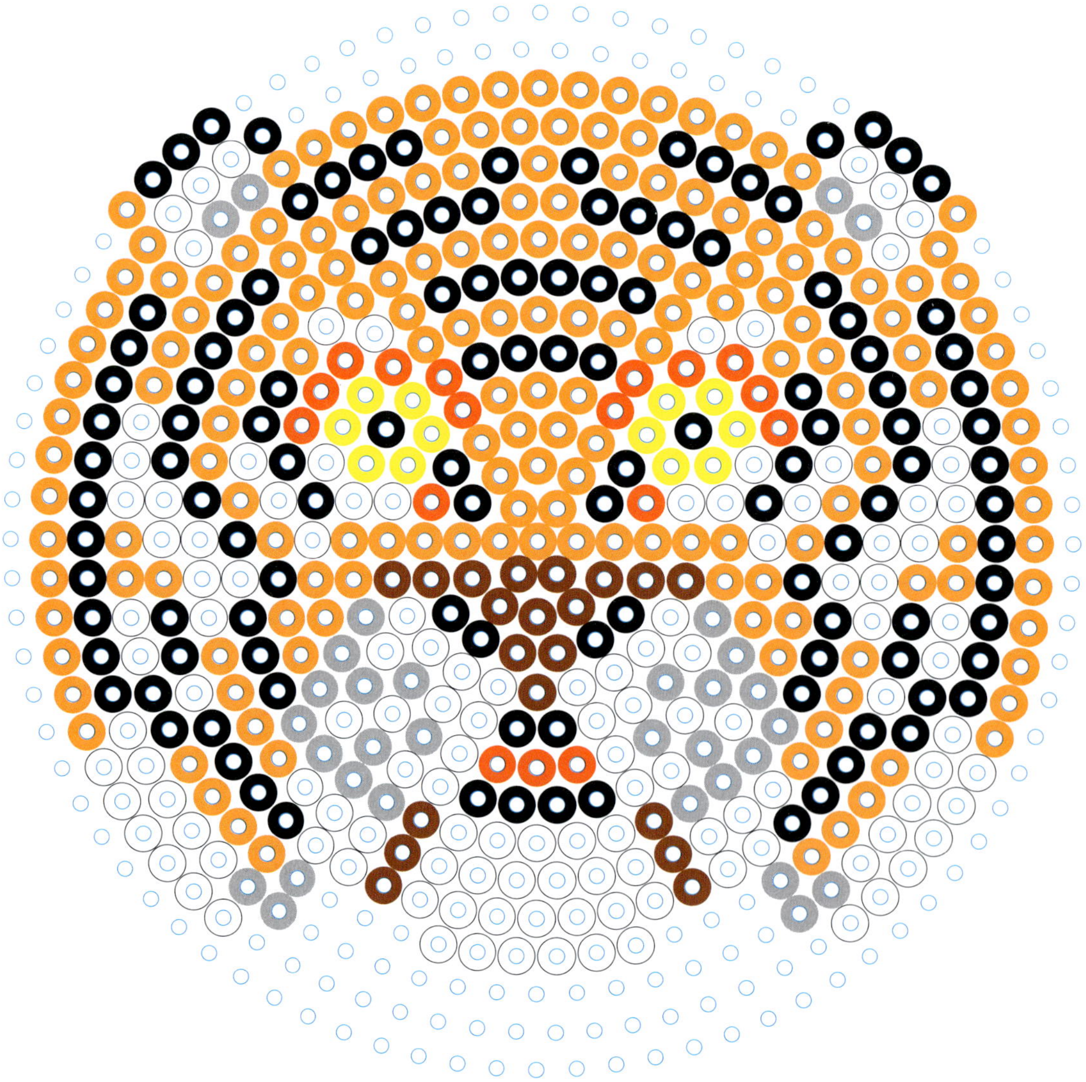

137

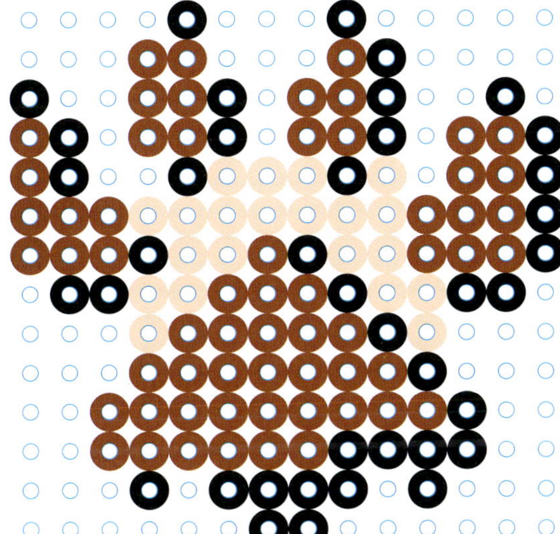

138

139

140

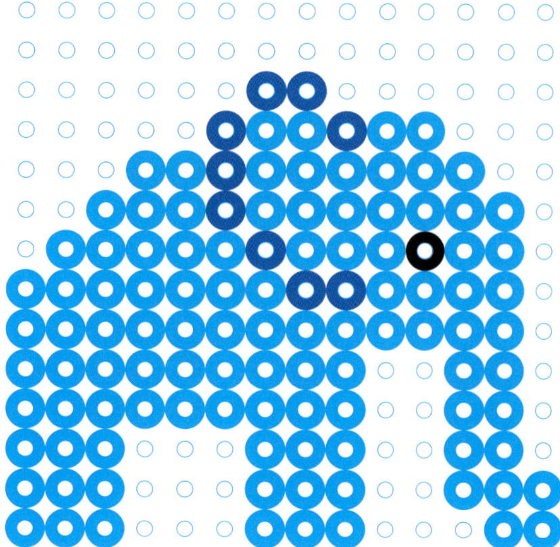

141

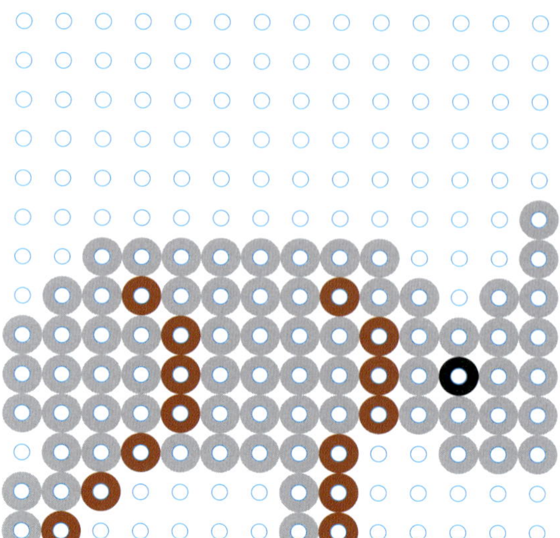

142

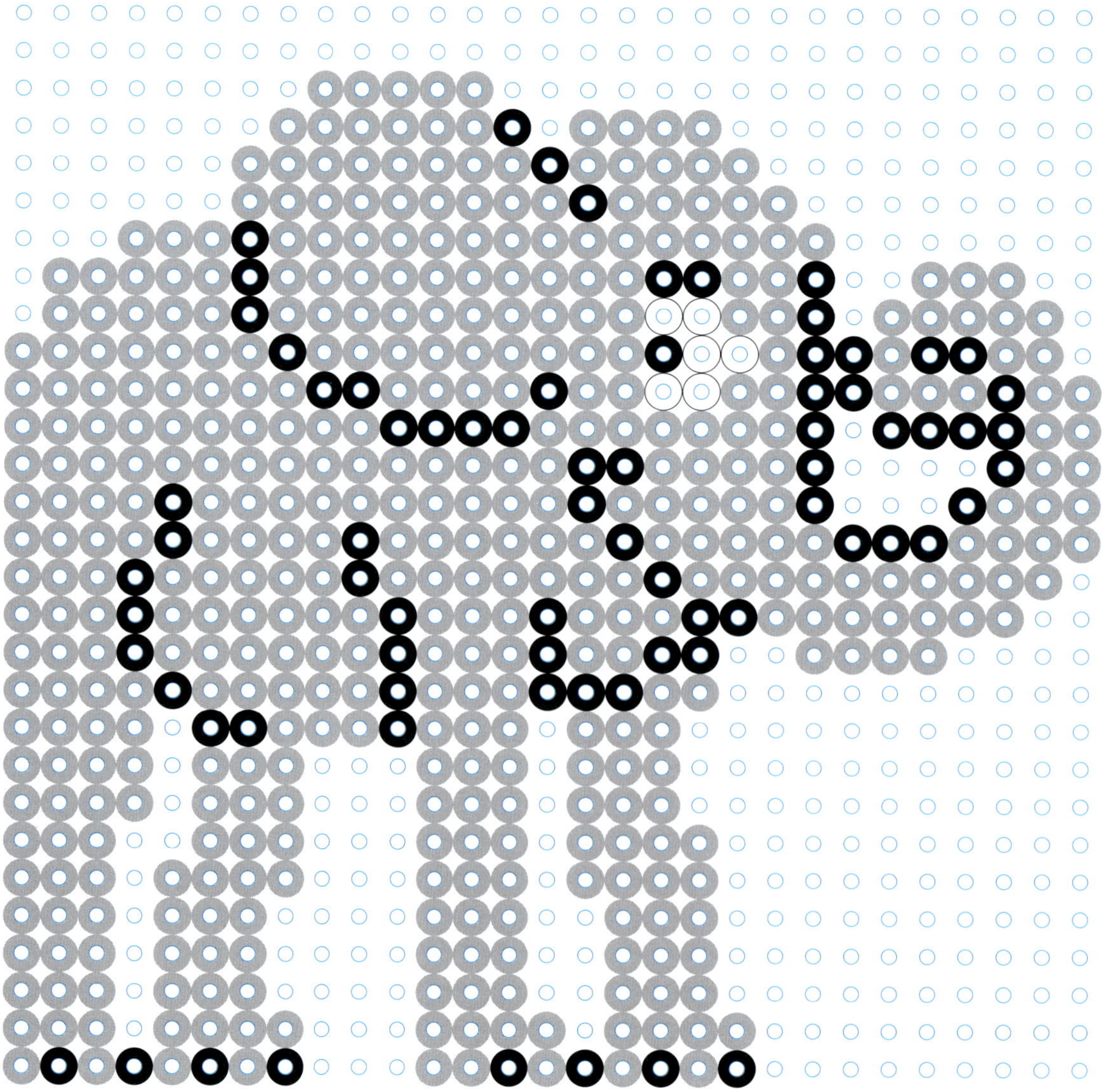

143

144

145

146

147

148

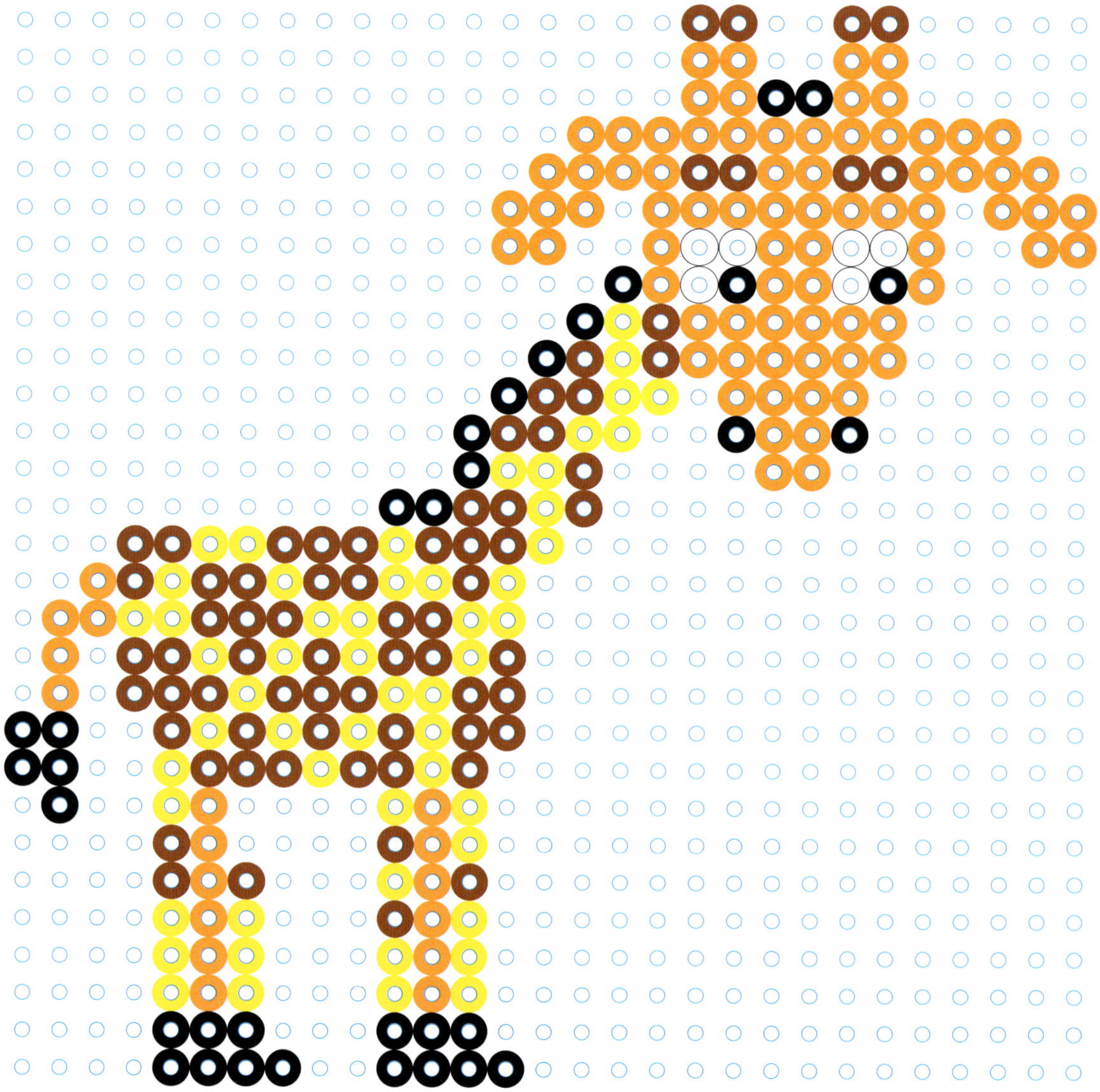

149

150

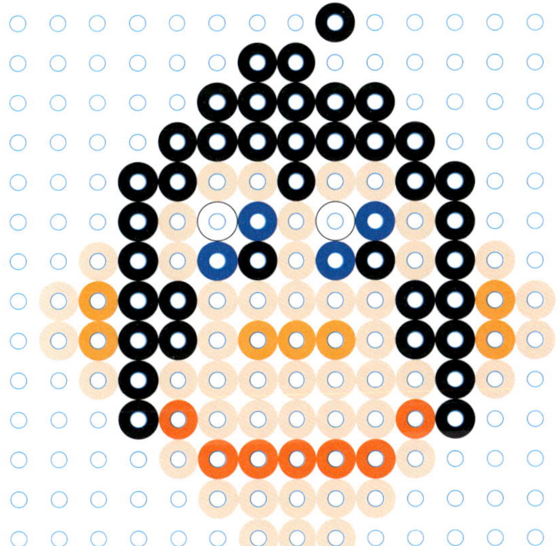

151

152

153

154

155

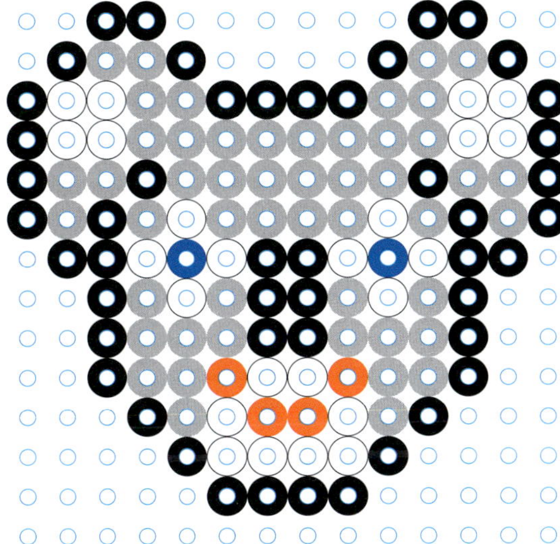

156

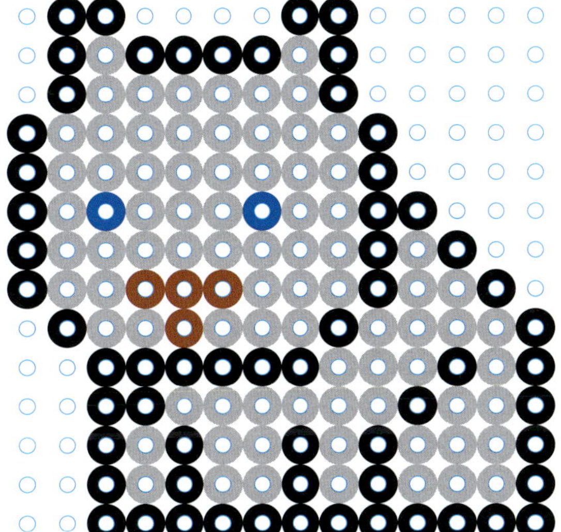

157

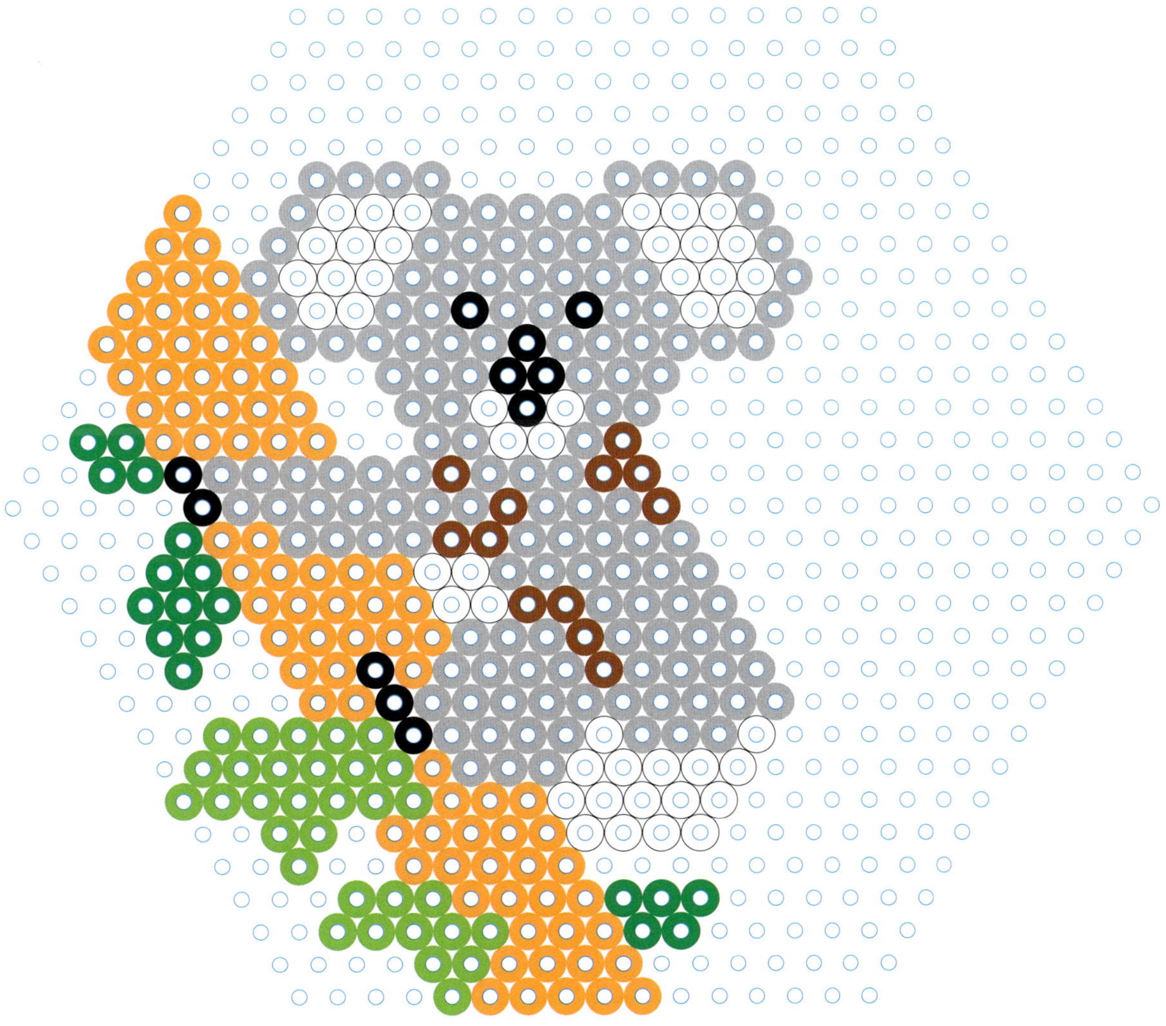

158

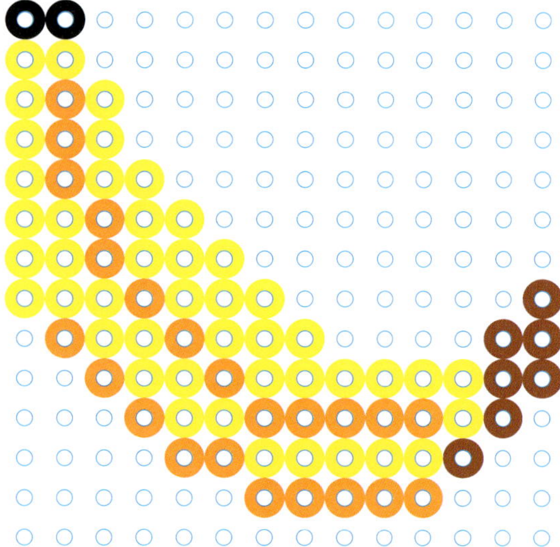

159

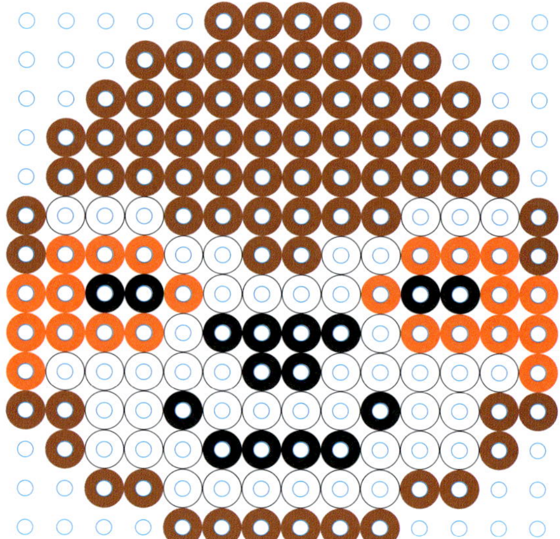

160

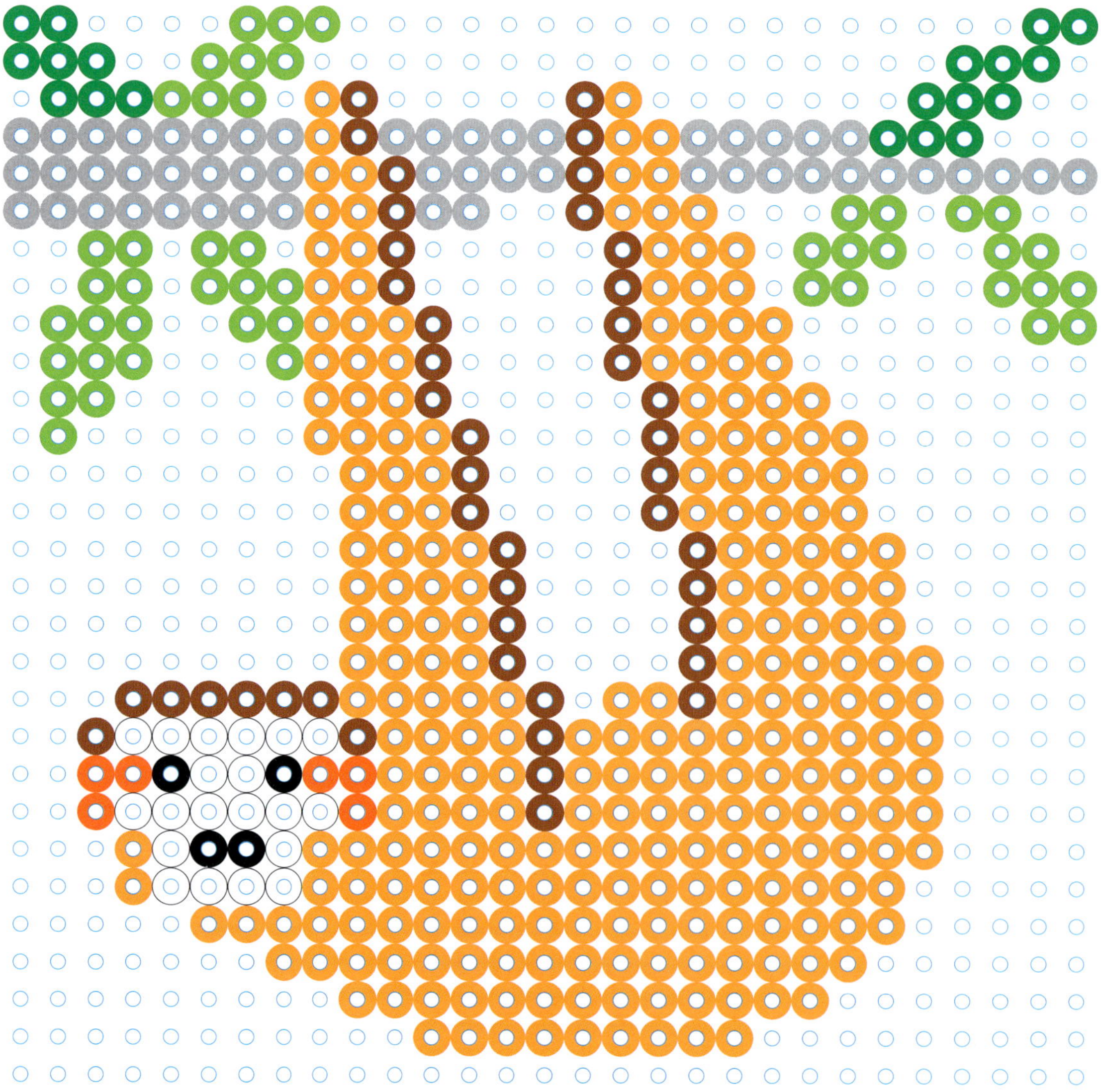

161

162

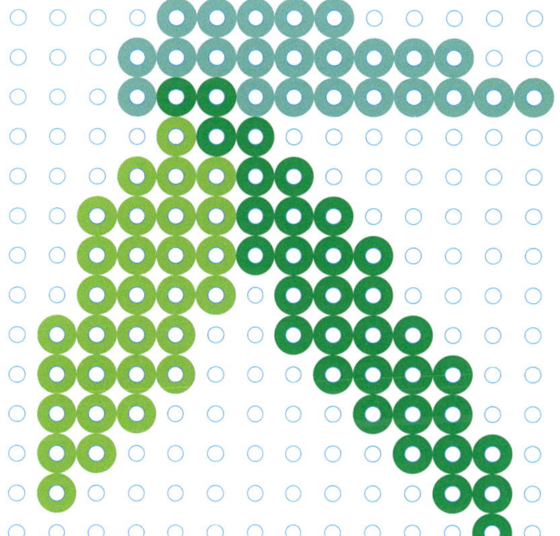

163

164

165

166

167

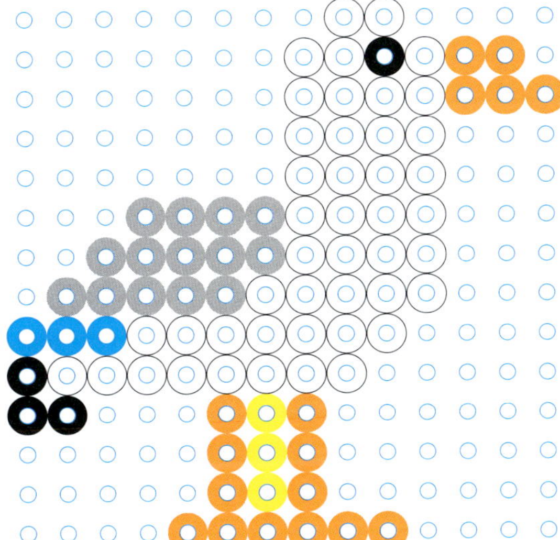

168

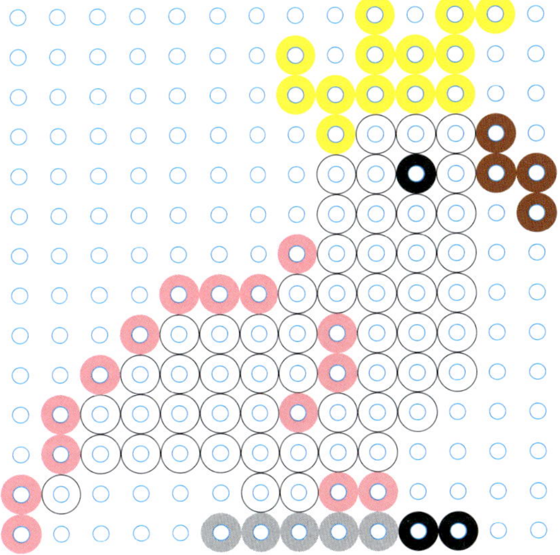

169

170

171

172

173

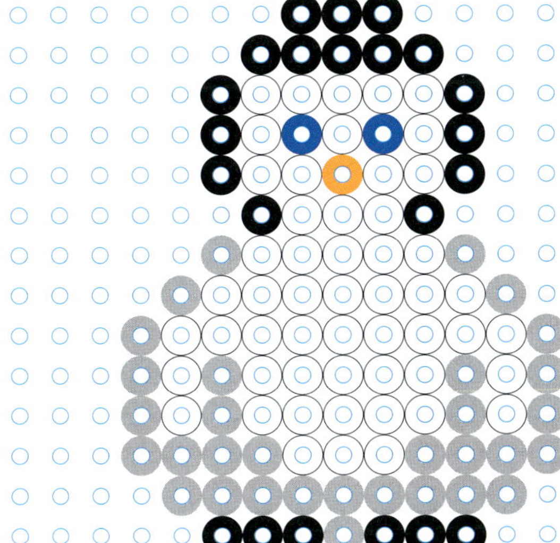

174

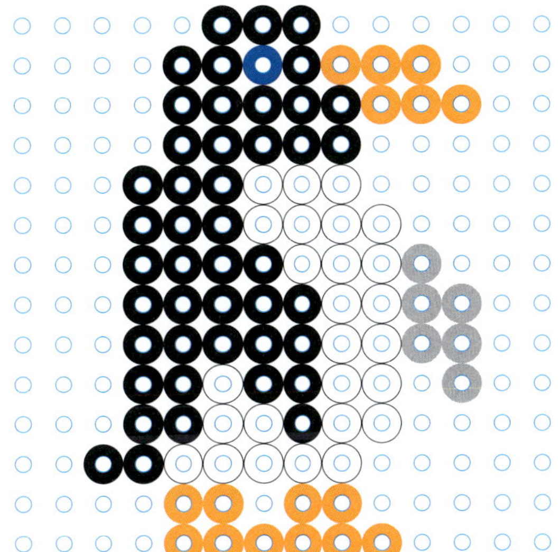

175

176

177

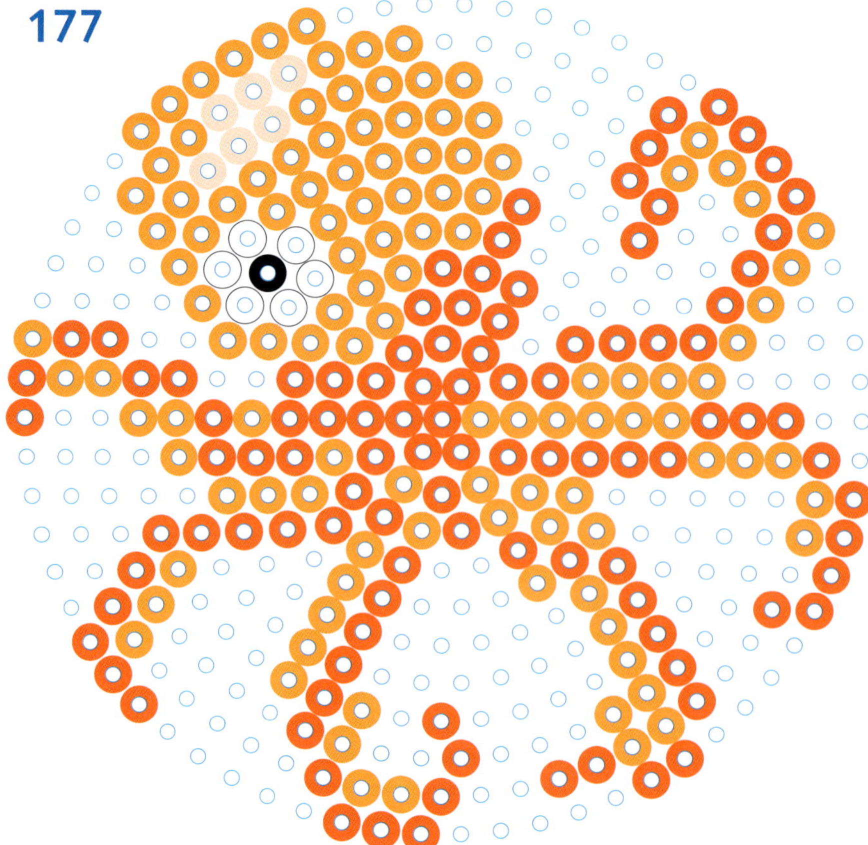

178

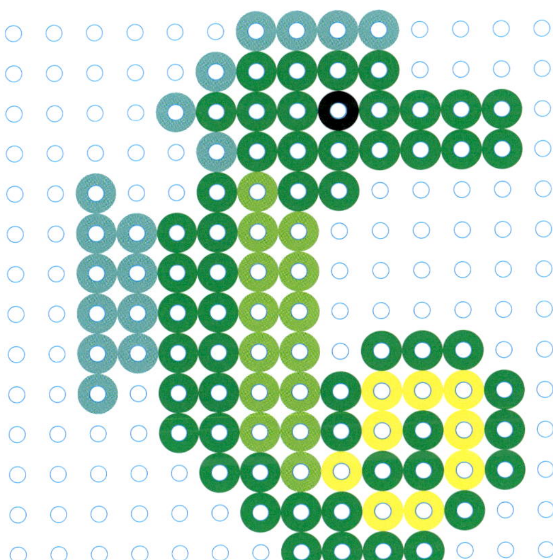

179

180

181

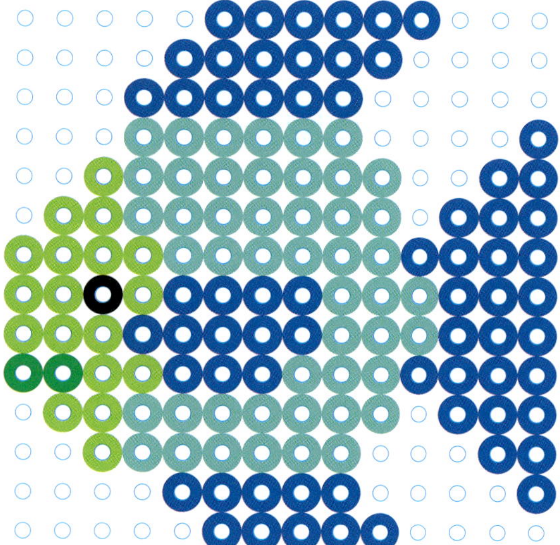

182

183

184

185

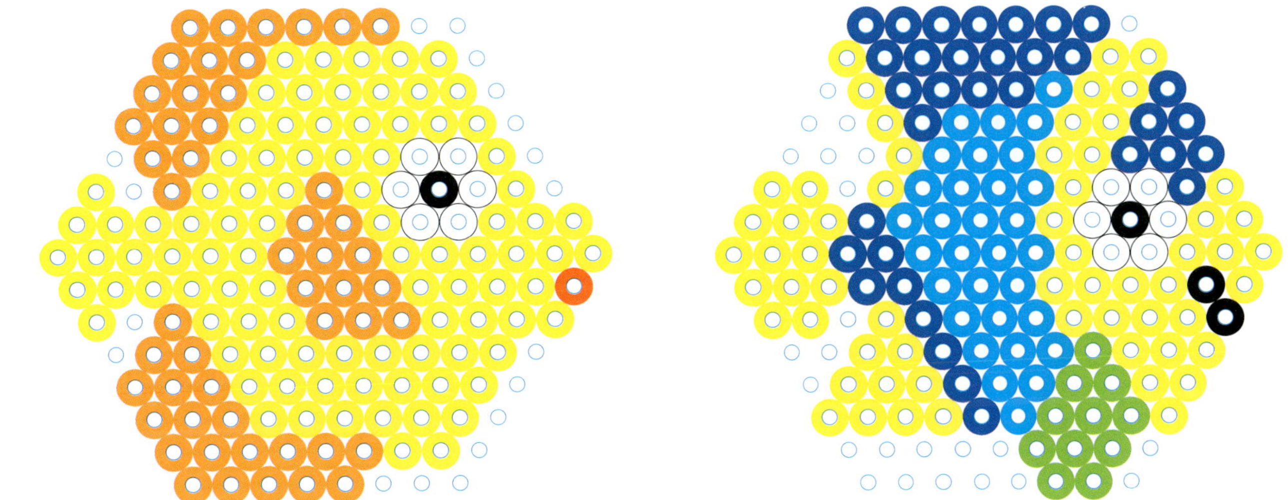

186

187

188

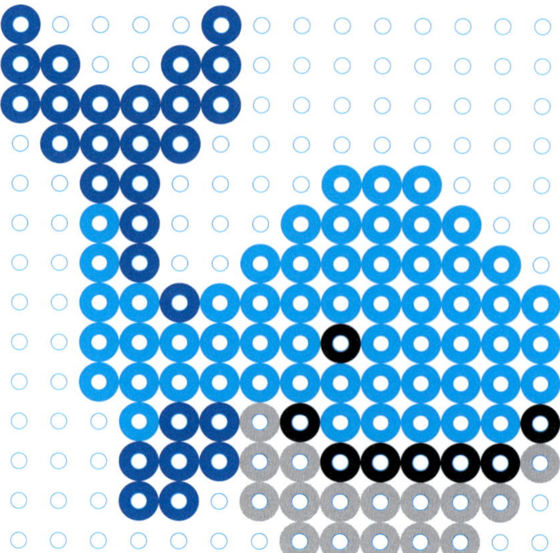

189

190

191

192

193

194

195

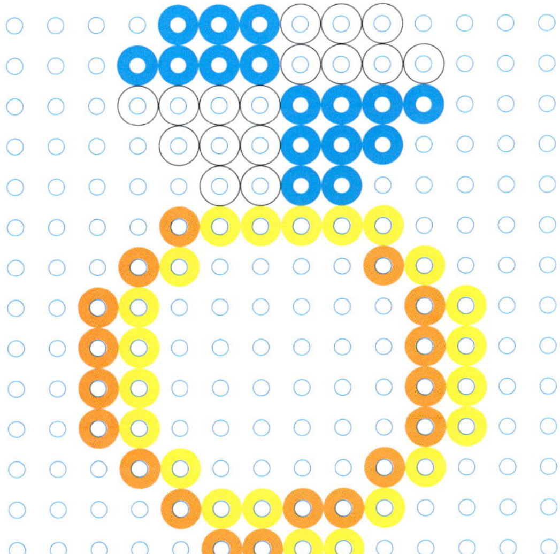

198

199

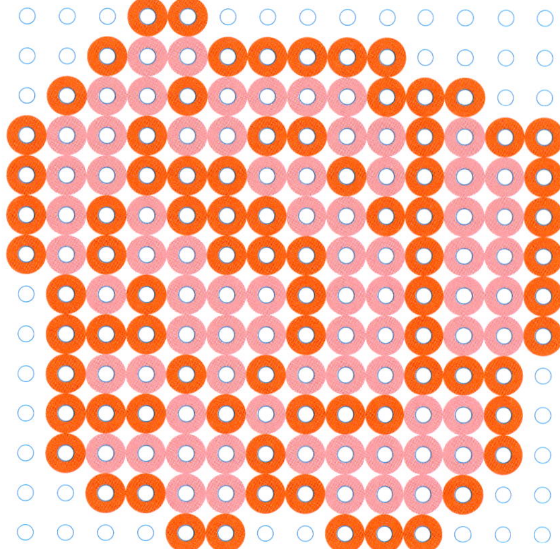

200

201

202

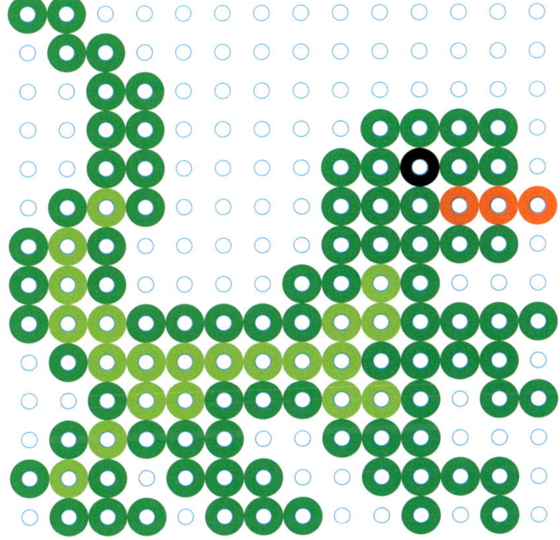

203

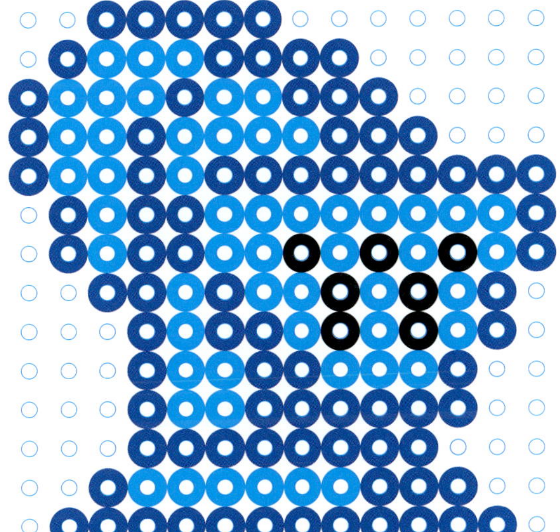

204

205

206

207

208

209

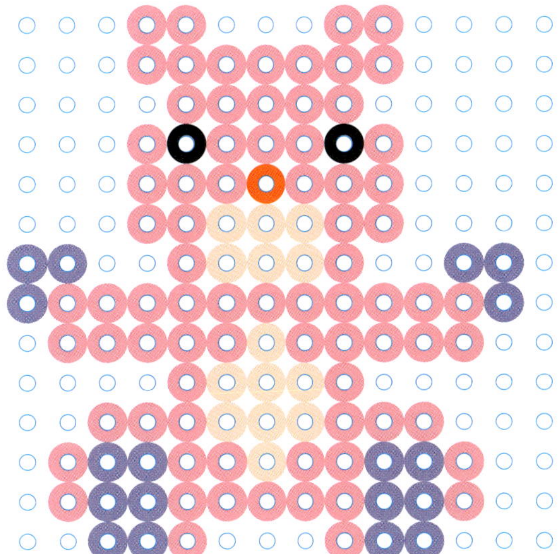

210

211

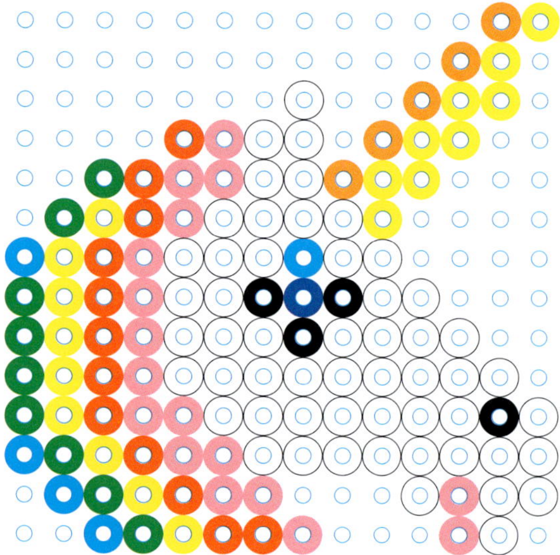

212

213

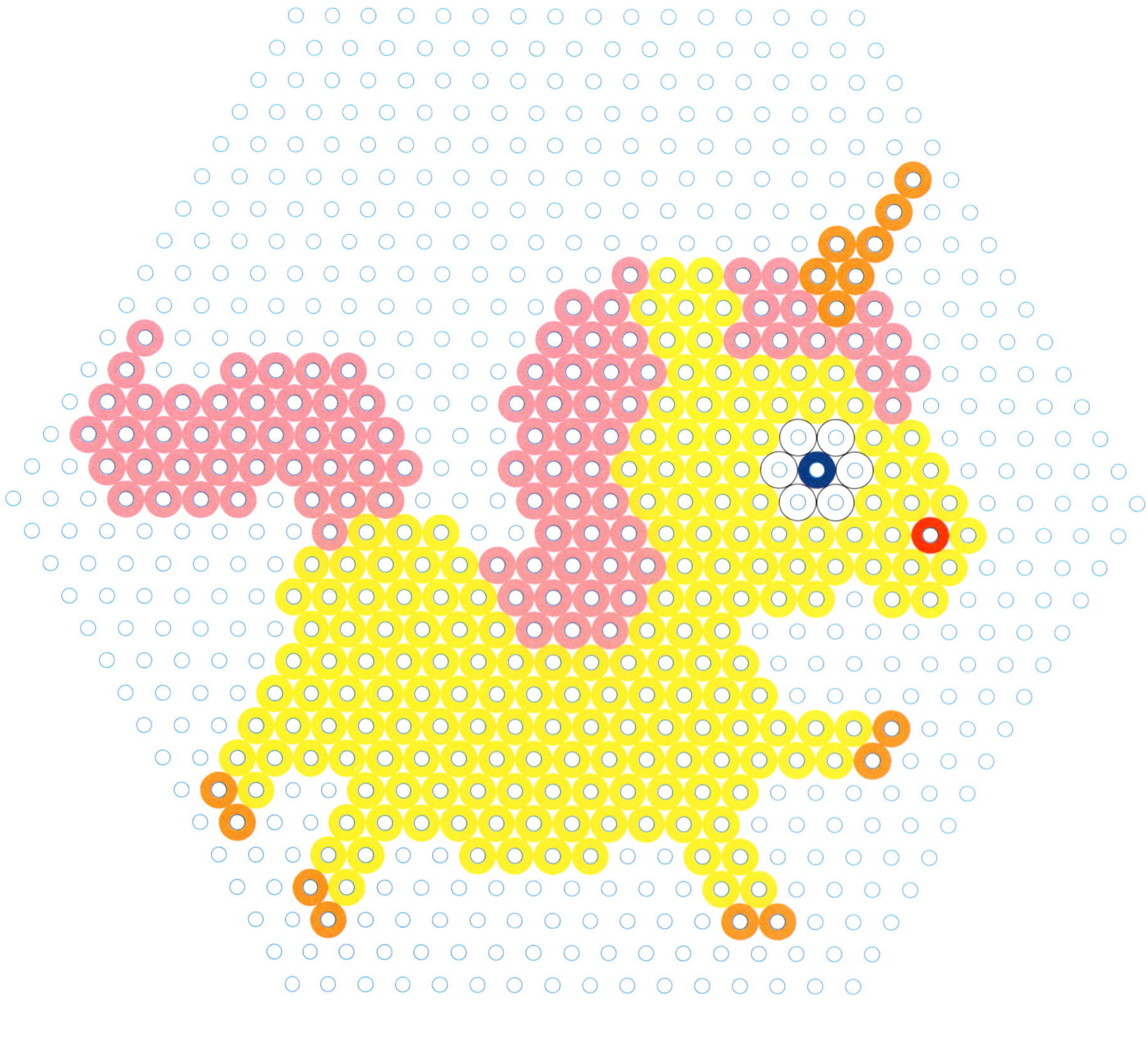

214

215

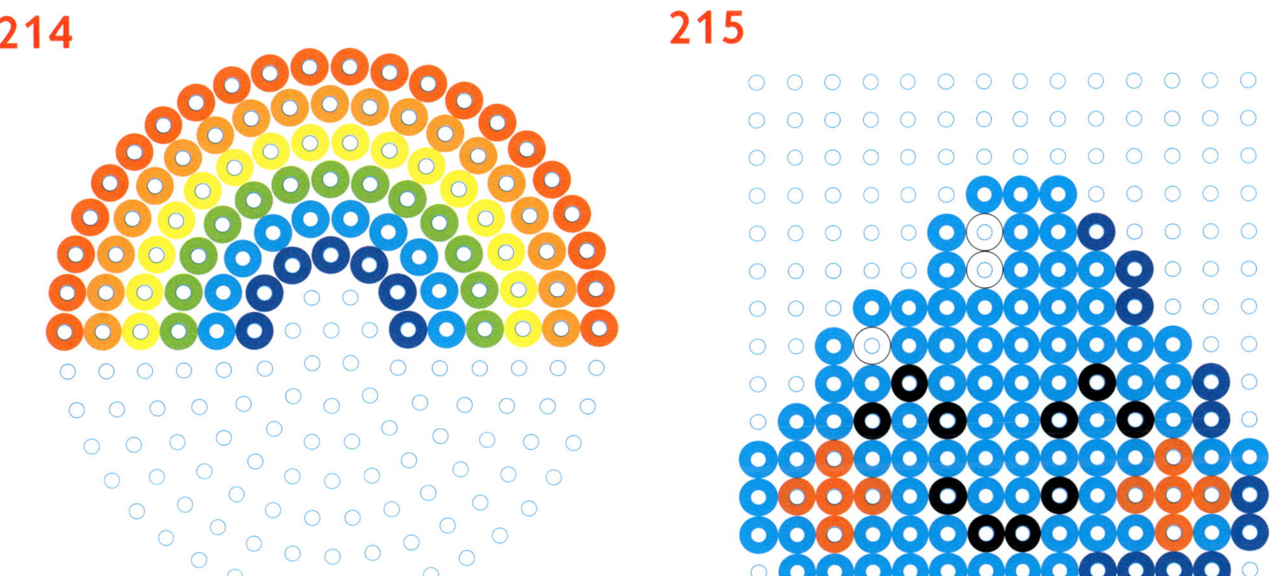

216

217

218

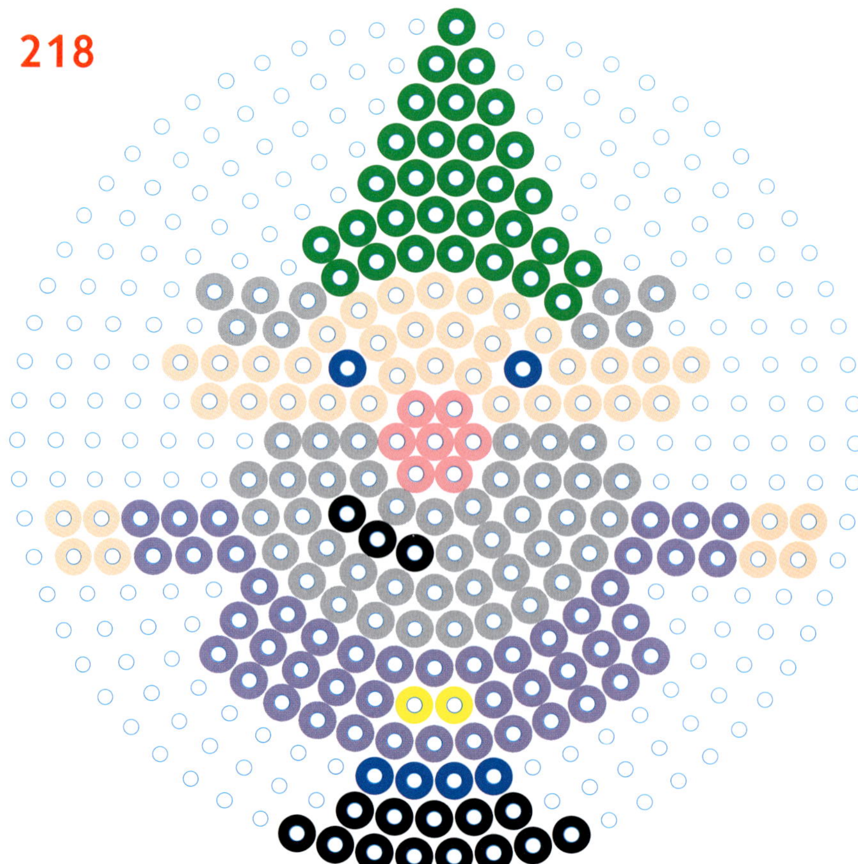

219

220

221

222

223

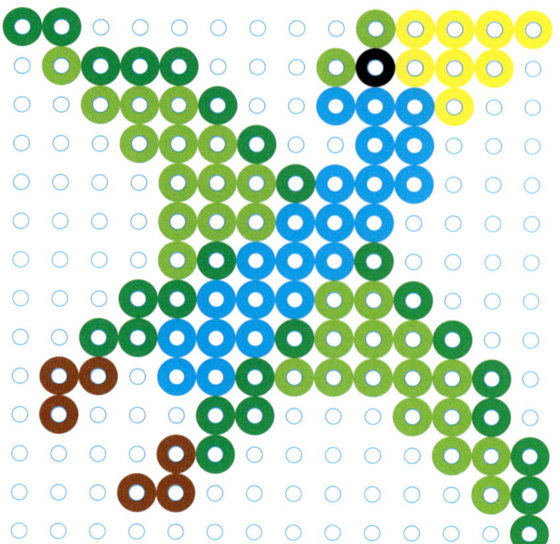

224

225

226

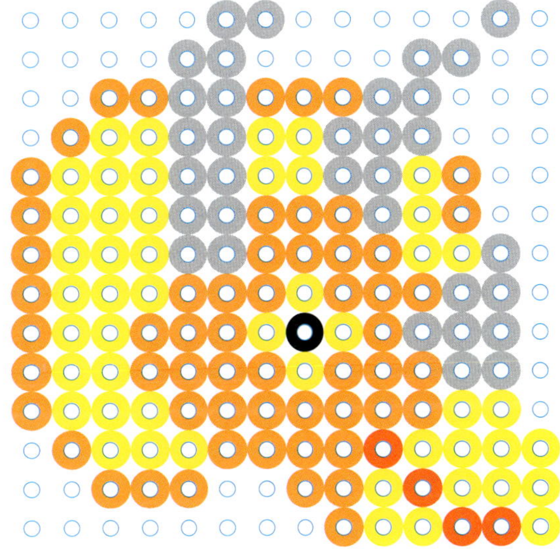

227

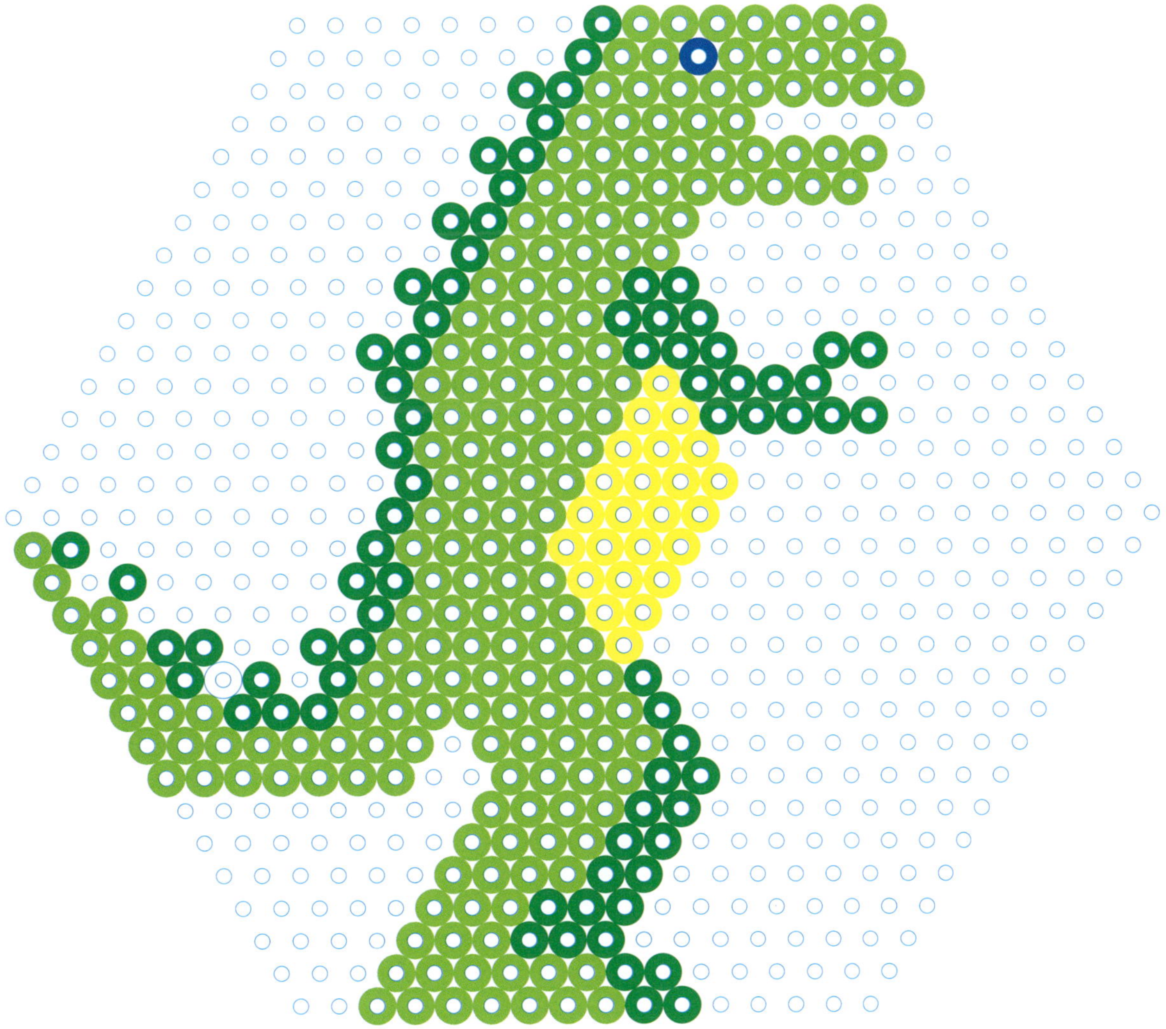

228

229

230

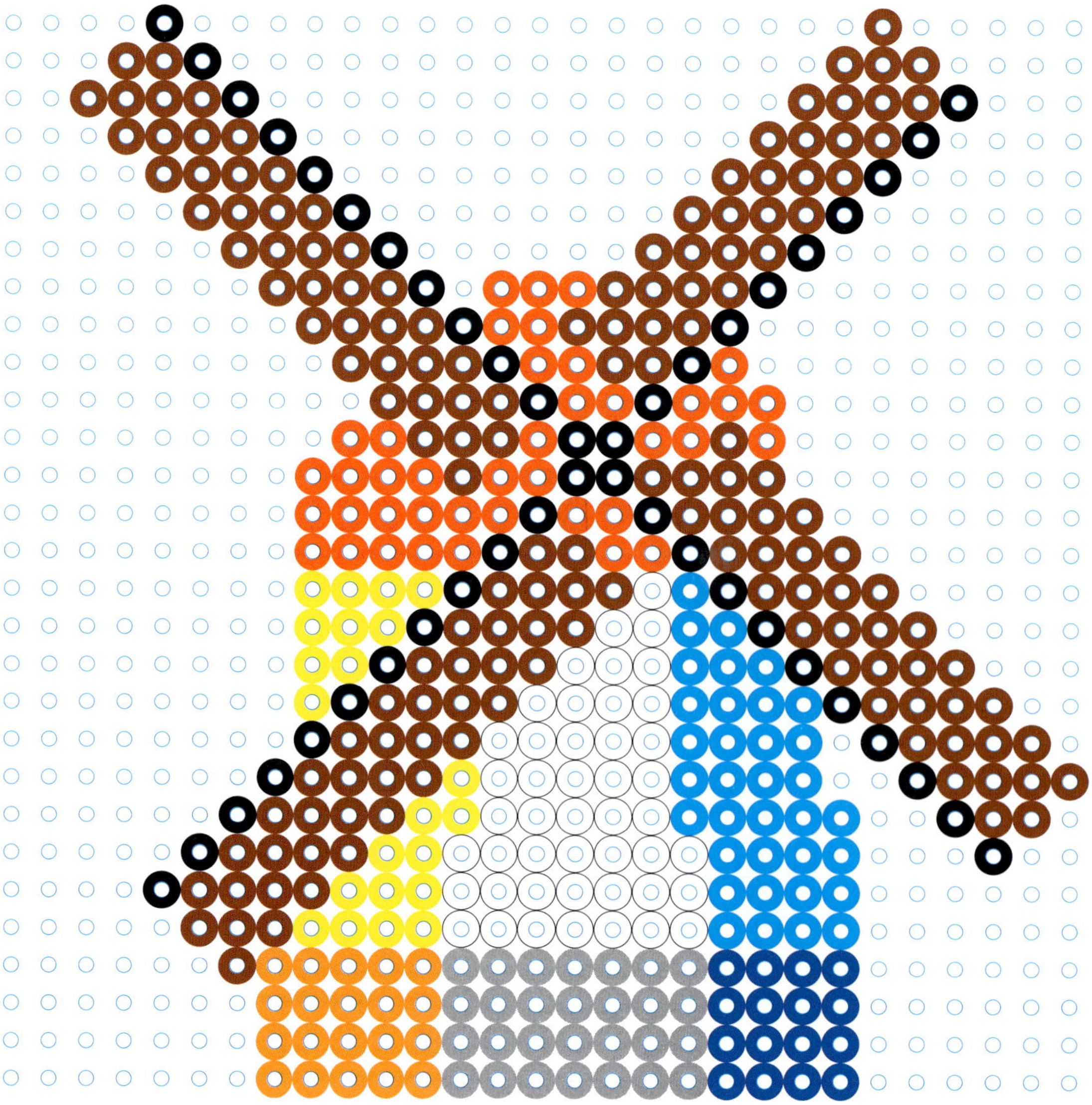

231

232

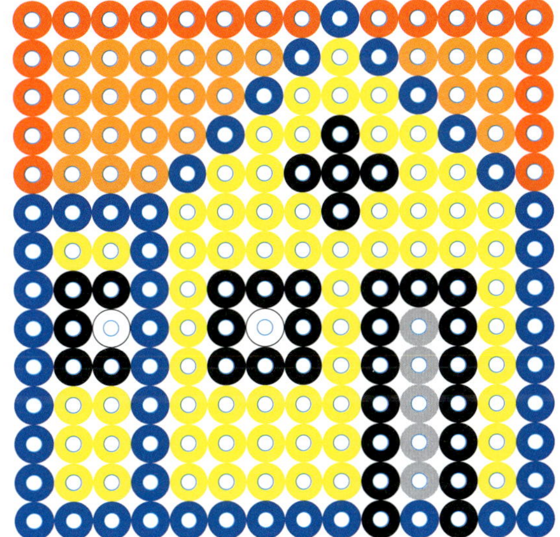

233

234

235

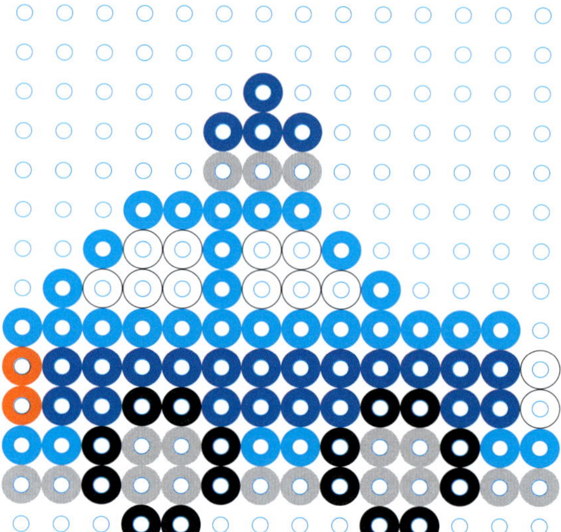

236

237

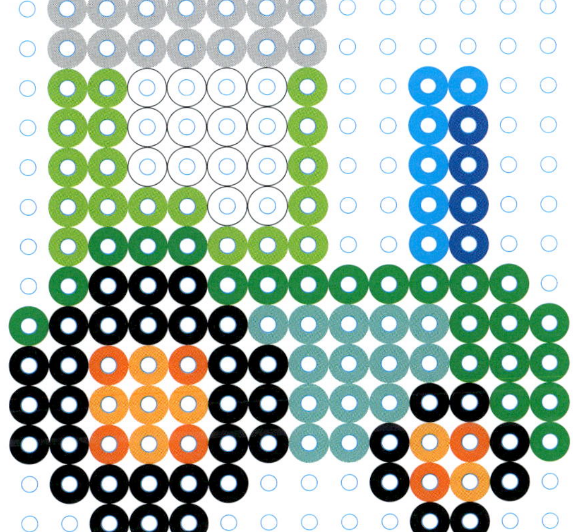

238

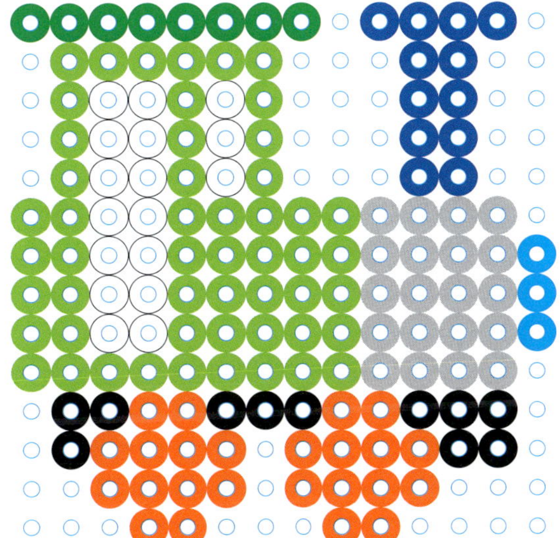

239

240

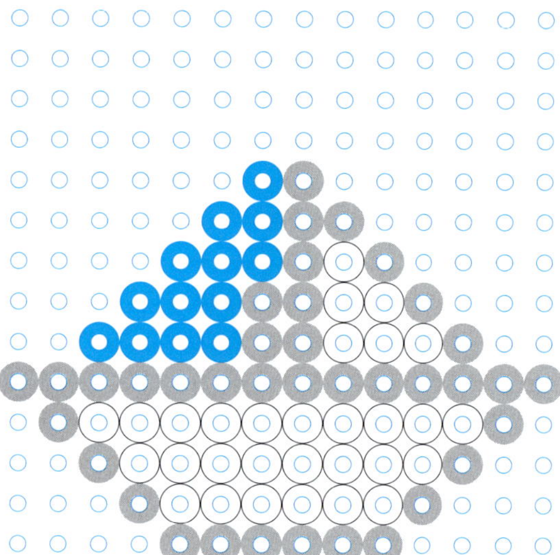

241

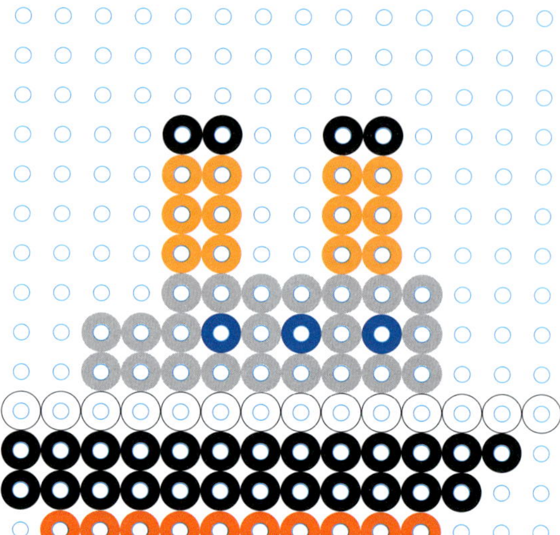

242

243

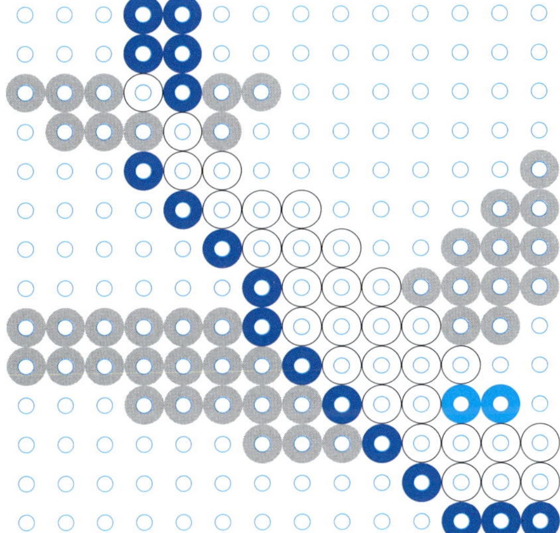

244

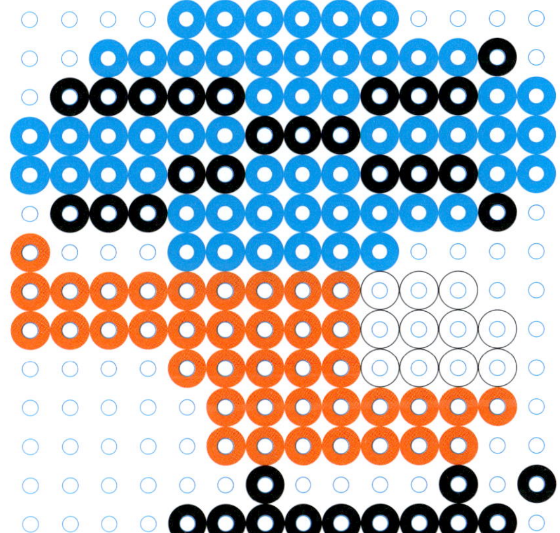

245

Motivregister